蘇格拉底

Socrates: A Very Short Introduction

Socrates: A Very Short Introduction

蘇格拉底

泰勒（C. C. W. Taylor）著

歐陽謙 譯

OXFORD
UNIVERSITY PRESS

Oxford University Press is a department of the University of Oxford.
It furthers the University's objective of excellence in research, scholarship,
and education by publishing worldwide. Oxford is a registered trade mark of
Oxford University Press in the UK and in certain other countries

Published in Hong Kong by
Oxford University Press (China) Limited
39/F, One Kowloon, 1 Wang Yuen Street, Kowloon Bay, Hong Kong

蘇格拉底

泰勒 (C. C. W. Taylor) 著

歐陽謙 譯

ISBN: 978-0-19-941663-9

1 3 5 7 9 10 8 6 4 2

English text originally published as *Socrates: A Very Short Introduction*
by Oxford University Press © C. C. W. Taylor 1998

目　錄

圖片鳴謝

鳴　謝

無論誰寫蘇格拉底，都得益於前人對這位哲學家已經作出過大量學術貢獻，其中大部分著作是在20世紀後期撰寫的，學術質量很高。我們都是持續不斷的傳統的一部分。本書末的「推薦閱讀書目」提供了有關蘇格拉底的一些最重要的現代著作信息。除這些以外，本書的還大量借鑒了以下的研究成果：

The first section in Chapter 2, 'Authors other than Plato', relies particularly on D. Clay, 'The Origins of the Socratic Dialogue', in P. A. Vander Waerdt (ed.), *The Socratic Movement* (Ithaca, NY and London, 1994) and on C. H. Kahn, *Plato and the Socratic Dialogue* (Cambridge, 1996), ch. 1. Chapter 5, 'Socrates and Later Philosophy', relies on a number of authors: in the section on 'Ancient Philosophy' I am indebted above all to A. A. Long, 'Socrates in Hellenistic Philosophy', *Classical Quarterly*, 38 (1988), 150–71, and also to contributions to Vander Waerdt's *The Socratic Movement* by G. Striker, J. G. DeFillipo and P. T. Mitsis, J. Annas, and V. T. McKirahan. (Details of those articles may be found in that volume.) The section 'Medieval and Modern Philosophy' is based in part on P. J. Fitzpatrick, 'The Legacy of Socrates', in B. S. Gower and M. C. Stokes (eds.), *Socratic Questions* (London and New York, 1992).

略語表

DL	Diogenes Laertius	第歐根尼・拉爾修
Pl.	Plato	柏拉圖
	Apol. Apology (Defence of Socrates)	《申辯篇》（《蘇格拉底的自辯》）
	Charm. Charmides	《卡爾米德篇》
	Euthyd. Euthydemus	《歐諦德謨篇》
	Euthyph. Euthyphro	《遊敘弗倫篇》
	Gorg. Gorgias	《高爾吉亞篇》
	Hipp. Ma. Hippias Major	《大希比阿篇》
	Lach. Laches	《拉凱篇》
	Ph. Phaedo	《斐多篇》
	Prot. Protagoras	《普羅泰戈拉篇》
	Rep. Republic	《理想國》
	Symp. Symposium	《會飲篇》
	Tht. Theaetetus	《泰阿泰德篇》
Xen.	Xenophon	色諾芬
	Apol. Apology	《申辯篇》
	Mem. Memorabilia	《回憶蘇格拉底》
	Oec. Oeconomicus	《經濟學篇》
	Symp. Symposium	《會飲篇》

第一章
緒論

蘇格拉底在哲學史上的位置獨一無二。他是最具影響的哲學家之一，同時又是最神秘、最難瞭解的哲學家之一，而且，他的歷史影響還與他的這種神秘性有關。首先，我們都知道，蘇格拉底的人格對他同時代的人，尤其是對柏拉圖，都產生了影響。可以毫不誇張地說，如果沒有蘇格拉底的言傳身教，尤其是如果沒有蘇格拉底之死對柏拉圖的影響，柏拉圖大概就會成為一個政治家而不是一個哲學家，這樣整個西方哲學的發展就會完全變樣。作為一個哲學家的楷模，一個將道德與知識完全融入到日常生活中的楷模，一個面對唾棄和死刑表現出英雄般堅定的楷模，蘇格拉底的形象一直影響着我們。為了回應時代的哲學變革，每個時代都要不斷地強調蘇格拉底作為哲學第一殉道者和守護神的形象。然而，蘇格拉底的這個形象其實並不是由他本人創造的，而是由那些以他為寫作題材的人創造的，尤其是柏拉圖。柏拉圖將蘇格拉底描繪成理想化的哲學家，這個形象從古至今一直吸引和激勵着世人。如果我們想試圖透過柏拉圖的生花妙

筆來尋找歷史上的蘇格拉底，我們會發現，這就如同19世紀的《新約》研究企圖尋找歷史上的耶穌一樣，最後其形象還是模糊不清。

蘇格拉底的神秘性主要由兩個原因造成（與耶穌的情形十分相似）：首先是蘇格拉底本人沒有寫下任何東西，其次是他死後很快就成了「蘇格拉底對話」這種文學體裁的寫作主題。他的那些親朋好友、門生故舊依據各自的興趣，發揮各自的想像力來呈現他的對話，以此來表現蘇格拉底個性和對話的不同方面。柏拉圖的對話錄和色諾芬（Xenophon）的回憶錄是這類體裁中保存得最為完整的作品，另外還有一些比較零碎的回憶錄，特別是埃斯基涅斯（Aeschines）的那些回憶錄，因為被後人引用而得以留存。我們下面將會詳細討論這些作品。這裏應該強調的是，柏拉圖、色諾芬和其他作家都是出於不同的目的來描繪他們心目中的蘇格拉底，因此蘇格拉底就有了不同的形象。可以說這些作家歪曲了蘇格拉底的形象，他們往往創造出一個多變的蘇格拉底形象，如理想化的哲學家或者是模範公民。「蘇格拉底」只不過是用來稱呼這個多變形象的一個代稱罷了。柏拉圖極力將蘇格拉底描繪成一個理想化的哲學家。在我看來，柏拉圖通過這種描繪把他自己不同階段的哲學理論算在蘇格拉底名下，其實他知道這些理論並不是蘇格拉底的，而是他在他老師蘇格拉底死後才提出來的。但是在柏拉圖看來，蘇

圖1　蘇格拉底半身像——雕刻於蘇格拉底死後不久。這個半身像是羅馬
　　　時代的複製品。

格拉底就是理想化的哲學家的最好典範，因為他相信蘇格拉底就是這樣的一個人，蘇格拉底經歷的就是這樣的生活。如果按照「小說」和「傳記」的類別來劃分，那麼這些「蘇格拉底對話」既不是小說作品，也不是傳記作品。這些作品只是表達了作者們對於蘇格拉底獨特人格及其生活事件的不同反應和理解。為了更好地理解這些作品，我們必須進一步釐清有關蘇格拉底生平性格的事實，至少是其中那些可信的部分。

第二章
生平

　　蘇格拉底去世的時間是能夠確定的，因為有明文記載，他在公元前399年初春(雅典官曆為400年或399年)被處以死刑，而關於他的確切出生日期還存在一些無關緊要的爭議。公元前二世紀的編年史家阿波羅多羅斯(Apollodorus, 公元三世紀的傳記作家第歐根尼·拉爾修[Diogenes Laertius]曾經引用過他的著作[2.44])很肯定地指出，蘇格拉底出生在公元前468年的5月初(接近雅典官曆的469年或468年)，但在柏拉圖的書中，蘇格拉底有兩次說到他被判死刑的時候正好是70歲。[1]要麼是蘇格拉底當時只有69歲，而柏拉圖故意把他說成就快70歲了，要麼是阿波羅多羅斯確定的出生日期(從400年或399年往回推70年算出來的)晚了一年或者兩年(大多數學者也這樣認為)。根據官方起訴書的記載(第歐根尼·拉爾修曾引用過)，蘇格拉底的父親叫索福洛尼克斯(Sophroniscus)，住在阿洛佩克(在雅典城的南面)。在《泰阿泰德篇》中(149a)，柏拉圖提到，蘇格拉底的母親叫菲娜麗特(Phainarete)，是個身

1　見《申辯篇》17d和《克力同篇》52e。

材魁梧的接生婆。他母親的名字(字面意思是「有啟迪的品性」)和職業正好符合蘇格拉底自願承擔的角色，即充當他人思想的助產士。[2]不過，這可能只是柏拉圖的文學杜撰。據說蘇格拉底的父親是一位石匠，蘇格拉底自己也曾做過一段時間的石匠。他還在重甲步兵團服過役，在那兒服役需要自帶武器和盔甲，這說明蘇格拉底的家境還不錯。他苦行僧式的生活方式更多的是他哲學觀點的體現，而不是說他真的很窮。他的妻子叫臧蒂普(Xanthippe)，色諾芬和其他人(柏拉圖不在其中)都將他的妻子說成是個潑婦。他們有3個兒子，其中兩個在蘇格拉底死時都還很小。就算他妻子的脾氣很壞，但這並沒有影響到他們之間長久的婚姻關係。有一個不太可信的說法(而且還不合情理地說是來自亞里士多德)，說蘇格拉底還娶了第二個妻子，名字叫米爾托(Myrto)。至於蘇格拉底與米爾托的婚姻關係，有人說是在他與臧蒂普結婚之前，也有人說是在這之後，還有人說蘇格拉底犯有重婚罪，因為他同時與這兩個女人保持了婚姻關係。

人們對蘇格拉底的前半生所知甚少。據說他當過雅典人阿基勞斯(Archelaus)的學生，而阿基勞斯又是阿那克薩戈拉(Anaxagoras)的學生。阿基勞斯的興趣在自然哲學和倫理學(根據第歐根尼‧拉爾修的記載，阿基勞斯提出熱和冷是萬物存在的兩個根本原因，動

2　見《泰阿泰德篇》149–51。

圖2　蘇格拉底與他的「兩個妻子」── 這是17世紀荷蘭畫家 C.B. 埃弗丁恩（Everdingen, 1606-1678）帶有喜劇風格的畫作。在蘇格拉底靠着的石頭上刻有「認識你自己」這句箴言。在古希臘，這句箴言被當作是蘇格拉底的一個口號，被銘刻在德爾菲的阿波羅神廟上。

物源自黏土似的物質，公正和不義不是自然的產物而是由習俗造成的，2.16）。在柏拉圖所寫的《斐多篇》(96a ff.)裏，蘇格拉底說他最初關注的是自然哲學，這可能反映了他當阿基勞斯學生的這段經歷。如果是這樣，他很快又將興趣轉向了其他領域，這也說明了阿基勞斯在倫理學方面並未對他產生任何影響。

公元前432年，伯羅奔尼撒戰爭爆發的時候，蘇格拉底已經三十好幾了，正是從這時起，他開始登上了歷史的舞臺。柏拉圖幾次提到蘇格拉底從軍的生平事蹟[3]，如在開戰初期，蘇格拉底參加了北愛琴海的波提達依圍攻戰。在這些段落的最後，阿爾西比亞德斯(Alcibiades)詳細描述了蘇格拉底在戰鬥中是如何地勇敢，如何在赤腳單衫的情況下頑強地經受住了嚴冬的考驗。阿爾西比亞德斯對於蘇格拉底的描述之所以重要，是因為他為柏拉圖所塑造的蘇格拉底和公元前五世紀喜劇作品裏所描繪的蘇格拉底提供了非常可信的證據。「第歐根尼‧拉爾修曾援引過喜劇作家阿美庇亞斯的一些戲劇臺詞(按照絕大多數學者的看法，這些臺詞出自阿美庇亞斯已經失傳的劇作《Connus》。在公元前423年舉辦的戲劇比賽中，這部劇作獲得的名次是在阿里斯托芬的劇作《雲》之上的)，描述了蘇格拉底強壯的身體，以及他引人注目的儉樸衣着和讓鞋匠感到不快的赤腳習慣。在阿里斯多芬的喜劇《雲》

3　見《申辯篇》28e，《卡爾米德篇》153a和《會飲篇》219e ff.。

中，有兩次提到赤腳是蘇格拉底的典型特徵。[4] 另一位喜劇詩人歐波利斯(Eupolis)談到蘇格拉底時，說他是一個像乞丐一樣的話匣子，往往下頓飯在哪裏吃都不知道，還說他是一個小偷，這在阿里斯托芬的喜劇《雲》中也有諷刺性的描寫。[5] 到公元前420年，蘇格拉底已經很出名了，因為他古怪而簡單的生活方式，也因為他的巧言善辯，他成了人們嘲笑的對象。他的個性特徵成為了當時喜劇作品樂於採用的故事素材。但在喜劇作家眼裏，蘇格拉底的個性也代表了社會生活中一些重要但不受歡迎的傾向，所以他僅在阿里斯托芬的喜劇《雲》中的戲劇形象得以流傳。

格思里(W. K. C. Guthrie)對蘇格拉底的戲劇形象做了一個很好的概括：

> 我們從喜劇《雲》中能夠看到蘇格拉底是三種不同類型的人，這些類型在任何一個人的身上都不可能完美地結合起來：首先，他是一個智者，講授使人精明的技藝；其次，他是一個不敬神的自然哲學家，就像阿那克薩戈拉那樣；再次，他是一個苦行僧式的道德教師，因無心俗務而衣衫襤褸，食不果腹。

在這部喜劇中，蘇格拉底開辦了一個學校，學生

4　見《雲》103, 363。
5　見《雲》177–9。

交了學費就可以向他學習賴掉欠債的詭辯術。這種詭辯術就叫做「用強詞奪理來取勝」。智者普羅泰戈拉（Protagoras）提出過這個口號，意思是在兩種對立觀點的論戰中，有理的傳統道德觀念（也就是代表着真理的一方）最後要輸給無理的謬論（代表着歪理的一方）。喜劇《雲》中的蘇格拉底除了是傳授這種詭辯術的老師，還是一個特別喜歡研究天體的自然哲學家。他拒絕了傳統宗教及其對天體的神化，提出了他心目中的各種新神：如「空氣神」、「以太神」、「星雲神」、「混沌神」、「舌頭神」以及取代宙斯而成為宇宙最高力量的「天界旋渦」。這種新「宗教」為智者派的非道德主義提供了形而上學的基礎，因為與原有的諸神不同（就像蘇格拉底所説，這些神不是「現在通用的錢幣」，247-8），新神無意懲罰那些作惡者。在該劇的結尾，蘇格拉底的教學場所被燒毀，這是對發生於此的許多褻瀆神靈的行為的懲罰，因為「弄清月亮的位置（觀察月亮的軌道）」就是「冒犯諸神」（1506-9）。

到了公元前423年，蘇格拉底已經很有名氣。他被諷刺為是新學的代表人物。對於那些保守、有思想的雅典人來説，蘇格拉底就是一個令人討厭的危險分子，老是喜歡用科學思考和論辯訓練去挑戰傳統的道德和宗教。當然，這種嘲諷並不意味着喜劇作家以及觀眾很瞭解蘇格拉底或其他學者的生平和學説（雖然喜

劇《雲》中所嘲弄的學說和阿波羅尼亞的自然哲學家第歐根尼[Diogenes of Apollonia]的學說之間有許多相似之處，這給一些評論家留下了深刻的印象）。但喜劇作家和觀眾還是掌握了一些關於蘇格拉底的真實情況（雖然有許多的誇張、簡化、歪曲），對像普羅泰戈拉和第歐根尼這類「知識分子」的目的也有所瞭解。我們必須要追問，蘇格拉底在公元前423年之前究竟做了些什麼，人們會對他有如此的諷刺和嘲弄。

按照阿里斯托芬的描寫，蘇格拉底創建了一所寄宿學校，向學生傳授如何進行科學研究和運用論辯技巧，他甚至還通過傳授這些知識來獲取報酬。其實這些都是無稽之談。柏拉圖和色諾芬都反復強調，蘇格拉底從沒有聲稱自己懂專業的科學技術知識，或是為了錢才去教書。[6] 在柏拉圖眼裏，職業智者只知積攢錢財[7]，他們就像是「兜售靈魂的小販」[8]，而蘇格拉底則完全不同於智者，他為世人的幸福無私地獻出自己的時間，結果自己卻深陷貧困之中。[9] 很難相信，如果柏拉圖真的認為蘇格拉底就是一個臭名昭著的知識販子，他還會為蘇格拉底作面面俱到的辯護，但我們卻不難相信蘇格拉底其實並不是喜劇作家醜化的那麼一

6　見《申辯篇》19d–20c, 31b–c,《回憶蘇格拉底》1.2.60, 1.6.5和1.6.13。

7　見《美諾篇》91d和《大希比阿篇》282d–e。

8　見《普羅泰戈拉篇》313c。

9　見《申辯篇》31b–c。

個人。所有關於蘇格拉底的描繪都有一個共同點，那就是認為蘇格拉底好質問他人，好與人辯論。他時常挑戰那些自以為有所專長的人，並揭露他們思想中前後矛盾的地方。當然智者也做這樣的事情，至少為了掙錢，也在向人們傳授辯論的技巧。蘇格拉底卻與眾不同，他任何時候都穿着他那很顯眼的破外套[10]，赤腳在街上大搖大擺地走着[11]，難怪人們會覺得「他就是一個古怪的傢伙，跟每一個人辯論，找出別人的漏洞。他屬智者派中的一個成員，這些智者用十足的詭辯向世人證明這個世界上根本沒有什麼神靈，只有空氣和旋渦，太陽也不過是一塊燒紅的石頭，以及諸如此類的荒唐言論」。眾人對蘇格拉底的描繪中充斥着許多傳聞，比如說蘇格拉底早年對自然哲學有興趣跟他的老師阿基勞斯有關，說蘇格拉底不遵從當時的宗教觀念。這些傳聞都被喜劇天才阿里斯托芬在公元前423年搬上了戲劇舞臺。

柏拉圖提到蘇格拉底的兩次從軍經歷，一次是公元前424年參加發生在彼奧提亞的德里留戰事[12]，另一次是參加公元前422年發生在北愛琴海沿岸的安菲波里之戰。[13] 在從德里留戰場的撤退過程中，蘇格拉底

10　見《普羅泰戈拉篇》335d,《回憶蘇格拉底》1.6.2和第歐根尼‧拉爾修2.28。

11　見《雲》362, 柏拉圖《會飲篇》221b。

12　見《申辯篇》28e,《拉凱篇》181a和《會飲篇》221a–b。

13　見《申辯篇》28e。

圖3　半圓形公共會場——雅典公民大會的會場。這是從天文臺上看到的遠景。

因為表現英勇而成為傳奇式人物，後來的一些作家傳說他在撤退時還救了色諾芬的命。因為當時色諾芬才只有六歲，這個傳說顯然是不真實的，無疑是由阿爾西比亞德斯對蘇格拉底在波提達依戰役中英勇行為的描述轉化過來的，當時阿爾西比亞德斯受了傷，是蘇格拉底救了他的命。[14] 在人們對蘇格拉底的描繪中，幾乎都肯定了蘇格拉底十分勇敢，根本不在乎艱難困苦，而且酒量驚人[15]，有些描述還提到他的性情很暴躁，但是他能夠用理智來控制自己的憤怒、節制自己的性慾[16]。色諾芬在他的《會飲篇》裏給我們描繪了中年蘇格拉底的外貌：鼻子扁平，鼻孔寬大，雙目突出，嘴唇肥厚，大腹便便，這與阿爾西比亞德斯所描繪的蘇格拉底形象很吻合。在柏拉圖的《會飲篇》中，阿爾西比亞德斯將蘇格拉底看作好色的男人或者像森林之神賽利納斯(Silenus)一樣[17]。在喜劇《雲》中有兩處附注146和223(即原稿上的旁注，大概寫於古代晚期)說蘇格拉底是禿頂，但這個說法並沒有確實的根據。或許這源於人們常把蘇格拉底看作是好色之徒，而好色之徒在他們看來都是光頭禿頂。

14　見《會飲篇》220d–e。

15　見《會飲篇》214a, 220a, 223c–d。

16　西塞羅《圖庫蘭談話錄》4.37.80，比較柏拉圖《卡爾米德篇》155c–e 和《會飲篇》216d。相反的說法也有，如他的死對頭阿里斯托依努斯 (Aristoxenus)所描述的那樣。

17　215b, 216d; 比較色諾芬《會飲篇》4.19。關於扁平的鼻子和突出的眼睛的描繪也見《泰阿泰德篇》143e。

蘇格拉底從軍中退役後的生活我們就一無所知了。直到公元前406年，因蘇格拉底參與了一樁雅典公務，我們才又對他的生平有所瞭解。這樁公務是蘇格拉底受審前涉足的唯一一次公務。那年雅典獲得了一次海戰的勝利，但由於指揮官們沒有出手援救生還者，雅典公民大會投票認定這些指揮官應該受到集體的審判而不是按照法律只審判個別人士。當時雅典的絕大多數官職的授予都是用抽籤的方式決定。根據抽籤結果，蘇格拉底當選為元老委員會的成員，這個委員會的任務是為公民大會準備議事日程並主持會議。這次蘇格拉底是委員會中唯一一個反對這個違法提案的人[18]，然而色諾芬在他的《回憶蘇格拉底》中有不同的說法，且提到了兩次，他說蘇格拉底當時主持了公民大會的關鍵性辯論，並「不允許他們通過這個動議」（事實上這個動議最後公民大會通過了，我們只能這樣理解：蘇格拉底「試圖反對通過，但他的反對沒有起作用」）。

　　公元前404年，雅典民主政體被推翻，取而代之的是三十僭主。他們下令重新修訂法律，很快便開始了恐怖統治，成千上萬的人被殺害或是流放。這樣的統治持續了八個月，直到三十僭主的暴政被武裝抵抗運

18　有關的事件描述請見《申辯篇》32b–c和色諾芬的《希臘史》1.7.14–15。

動所推翻，民主政體又得以復辟。蘇格拉底在民主派和寡頭派中都有朋友。三十僭主中最有名的卡爾米德（Charmides）和克里底亞（Critias）都是他的朋友（他們都是柏拉圖的親戚）。在推翻寡頭政體的戰鬥中，他們都遭到了殺害。他在民主陣營的朋友包括演說家呂西亞斯（Lysias）和卡厄里芬（Chaerephon）都曾遭流放，但一直積極參加反對寡頭統治的鬥爭。在民主派的統治之下，蘇格拉底對政治一向是不聞不問。他一直住在雅典。三十僭主當政時，曾想把蘇格拉底也拖下水，讓他也參與到逮捕一個叫利昂（Leon）的薩拉米斯人的行動，但蘇格拉底拒絕與他們合作，「回家去了」[19]。當然，他在政治上並不反對三十僭主的統治，也不贊同民主派那種不合法和不道德的做法，正是因為這個原因，他才在審判海軍指揮官的問題上堅持自己的立場。我們現在沒有證據說明蘇格拉底當時參與了推翻僭主統治的活動。柏拉圖對此保持沉默，更重要的是色諾芬對此事也三緘其口，這表明了蘇格拉底確實沒有參與這些活動。

審判與死亡

　　大約在公元前400年或者 399年初，一個名叫麥勒

19　見《申辯篇》32d, 比較《回憶蘇格拉底》4.4.3。

圖4　國王拱廊或者叫巴斯勒奧斯拱廊的廢墟 —— 這是負責宗教事務的執
　　　政官阿耳康國王(King Archon)的處所，蘇格拉底就是在這裏被控有
　　　不敬神之罪。

圖斯(Meletus)的默默無聞的年輕人[20]對蘇格拉底提出了如下控告：

> 此控告由皮托斯區的麥勒圖斯的兒子麥勒圖斯提出，並發誓保證所控屬實：阿洛佩克區的索福洛尼克斯的兒子蘇格拉底是一個壞人，因為他拒絕承認雅典城邦所公認的諸神，並且引入了其他的新神。他還是一個腐化青年的罪人。對他的刑罰應該是死刑。

另外還有兩位控告人：不出名的呂柯(Lycon)和在復辟的民主政府中赫赫有名的政治家阿利圖斯(Anytus)。在由負責宗教事務的執政官(大家都稱他為「國王」)主持完預審之後(在柏拉圖《遊敘弗倫篇》的開頭有提及)，這個案子就在公元前399年的初春交由500人組成的陪審團來進行最後的裁決。

關於這場審判的過程沒有留下什麼記錄。在蘇格拉底死後，有不少作者聲稱記錄下了控方的控詞和蘇格拉底的辯詞。由柏拉圖和色諾芬所寫的兩篇蘇格拉底的辯護詞最後留存了下來，而控方的控詞則已佚失。在控辯雙方出示證據，作完陳述之後，由陪審團投票來裁定蘇格拉底究竟是否有罪。根據柏拉圖的《申辯篇》(36a)，投票的結果是，認為有罪的是280票，認為無罪的是220票，前者比後者多了60票。一旦

20　見《遊敘弗倫篇》2b。

圖5　被認為是裝有用於處決犯人的毒藥的小罐，發現於雅典監獄的水池裏。

陪審團作出了有罪裁定之後，就要由控方和辯方分別提出他們所希望的刑罰，然後再由陪審團在兩種刑罰中間作出選擇。控方要求處以蘇格拉底死刑，(按照柏拉圖的說法)蘇格拉底開始拒絕提出對他應該使用什麼刑罰[21]，最後，在眾人的勸說下，他提出一筆罰款，數額為半個塔蘭特(古希臘貨幣單位)，相當於一個熟練手工藝人八年的收入(38b)。陪審團投票的結果是判處蘇格拉底死刑。按照第歐根尼·拉爾修的記載，最後主張死刑的人比開始主張有罪的人又多了80人，即有360人主張死刑，只有140人不主張死刑。顯然，蘇格拉底拒絕接受刑罰使原來認為他無罪的一些陪審團成員對他產生了反感。

通常宣判之後馬上就要執行判決。可是這次審判時正好趕上要派人去神聖的德洛斯島舉行每年的祭祀活動，為了保證儀式的純潔性，規定在這個時間不能處決犯人。[22] 因此在宣判和執行之間還有一個月的間隔。蘇格拉底在這個期間被關在監獄裏面，他的朋友可以來探監。[23] 柏拉圖在《克力同篇》表示，蘇格拉底有機會越獄逃脫，大概城邦當局也默許，因為處死這樣一個著名人物會讓他們很難堪(45e, 52c)。雖然有越獄的機會，但蘇格拉底還是拒絕逃跑，決定坦然赴

21　見《申辯篇》36d–e，他建議的刑罰是宣佈他是公眾的恩人，因此他今後可在市政廳免費享受一日三餐。

22　見《斐多篇》58a–c。

23　見《克力同篇》43a。

死。柏拉圖在《斐多篇》裏帶有理想化色彩的描寫，使蘇格拉底之死名垂千古。執行死刑的方式是讓犯人自己喝下從毒芹屬植物提煉出來的毒酒，儘管這種刑罰沒有通常的酷刑那麼可怕，但是醫學上證明，這種毒酒喝下去之後還是很令人痛苦的，蘇格拉底不可能像柏拉圖描寫的那樣，死得很平靜，很有尊嚴。依照柏拉圖的描寫，蘇格拉底最後說的話是「克力同，我們還欠阿斯克勒庇俄斯（Asclepius）一隻雞，記住要還清這筆債務」[24]。阿斯克勒庇俄斯是藥神，有病的人只要向他獻上一隻公雞作為感恩的供品，身體就能得到康復。如果這確是他的臨終遺言，那麼有趣的是他最後關心的還是與宗教儀式有關的事情。（這個情形讓18和19世紀蘇格拉底的理性主義崇拜者們有點尷尬。）柏拉圖的描述過於理想化，因而我們有理由懷疑，他對蘇格拉底遺言的描寫更多的是出於戲劇誇張而非歷史真實的考慮。假定這個遺言最終表現了蘇格拉底的虔誠，那麼色諾芬的描寫應該比柏拉圖的更符合實情一些。近來有一個很巧妙的觀點認為，根據《斐多篇》陳述的一些細節可以判斷（59b），蘇格拉底喝下毒酒的時候，柏拉圖因為生病並沒有在場。向藥神獻上公雞，是因為柏拉圖身體康復而要表示感謝，同時也標誌着他是蘇格拉底哲學的繼承人。這種自我吹捧似乎不太可信。以前還有一種觀點（如尼采的觀點）認為，

24　見《斐多篇》118a。

向阿斯克勒庇俄斯獻祭，表達了蘇格拉底本人對擺脫生命疾苦的感激之情(參見莎士比亞劇作中的臺詞「在生命的陣陣興奮之後，他終於睡着了」)，這種看法似乎更有道理。

由於這次審判沒有留下任何記錄，我們無法準確地再現控方對蘇格拉底的指控。上面提到的那些信誓旦旦的指控非常含混，可以將許多行為都列入其中，而依照雅典的法律訴訟程序，准許控方提出一些與指控書內容完全無關的材料，這些材料有可能直接影響到陪審團對於被告是否有罪的最後裁決。一種古老的觀點認為，蘇格拉底被定罪的真實原因是政治方面的，因為據說受他影響的朋友都是一些以反雅典城邦和反民主政體而知名的人物，尤其是阿爾西比亞德斯和克里底亞。演說家埃斯基涅斯(Aeschines)直截了當地宣稱「你們這些雅典人殺害了智者蘇格拉底，不就是因為你們認為他曾經教過克里底亞，而克里底亞又是推翻了民主政體的三十僭主之一」[25]。考慮到阿爾西比亞德斯、克里底亞、卡爾米德這些人都聲名狼藉，再加上蘇格拉底其他兩個知名的朋友費德魯斯(Phaedrus)和厄里西馬楚斯(Eryximachus)(還有蘇格拉底圈子裏的其他人)又曾捲入公元前415年發生的一起廣為人知的詆毀宗教的事件，這就難怪有人要利用上

25　《反對提瑪科斯》173，發表於公元前345年；也可比較《回憶蘇格拉底》1.2.12–16。

圖6 蘇格拉底之死。《克力同為已經死去的蘇格拉底合上眼睛》，意大利雕塑家安東尼奧·卡諾瓦（Antonio Canova）的作品（創作於 1787 至1792年間）。

述人等的種種劣行來控告蘇格拉底腐化青年。公元前403年曾經通過一個大赦令，使人們可以免於因過去所犯的罪行受到指控，但是並不排除可以用這些犯罪前科來説明被告的品行。至少從指控蘇格拉底腐化青年來看，肯定有政治方面的原因。但是我們也不能由此得出結論説，宗教上的指控只是為了掩蓋純粹政治上的指控，或者説所謂的腐化青年與宗教和政治問題都不相干。我們在阿里斯托芬的喜劇《雲》（420s）中看到，蘇格拉底被描寫成一個傳統宗教的顛覆者，他用自己的「新神」，如「空氣神」和「旋渦神」來代替傳統的諸神。除此之外，他還是一個傳統道德和正統教育的破壞者。在《申辯篇》中，柏拉圖認為，某些對蘇格拉底的污蔑之詞到公元前399年還在四處流傳。我相信柏拉圖所言屬實。儘管公元前五世紀對普羅泰戈拉和歐里庇得斯[26] 這些自由知識分子的一系列指控完全是不可信的，但是阿那克薩戈拉還是被迫離開了雅典，因為他害怕會因為自己曾大不敬地宣稱太陽不過是一塊燒紅的石頭而受到指控。柏拉圖在《申辯篇》中（27d–e）很注意將蘇格拉底和阿那克薩戈拉區別開來，這表明他知道，蘇格拉底也可能遭受類似的指控。

26　歐里庇得斯(Euripides, 約公元前485–前406)，古希臘三大悲劇作家之一，相傳創作了90餘部悲劇作品，現存《特洛亞婦女》《希波呂托斯》和《美狄亞》等9部。——譯注

當然也有證據表明，在當時的人看來，蘇格拉底個人的宗教行為和宗教態度均很古怪。他公開宣稱他聽從一種隱秘的神示，這是一種內心的聲音，這種聲音會警告他不要去做有害於自己的事情，比如去從事政治。蘇格拉底在《申辯篇》裏說，麥勒圖斯在控告中歪曲了他的主張。蘇格拉底的這種說法也沒有什麼明顯違法或是不敬神的地方，但是聯繫到他那些不守成規的行為，我們就可以相信遊敘弗倫(Euthyphro)在對話中所言不差，蘇格拉底沒有依照通常的途徑與神溝通。[27]事實上，雅典城邦從公元前四世紀就能夠接受外來的新神，比如狩獵女神本狄斯神(Bendis)和藥神阿斯克勒庇俄斯被正式地供奉起來，但個人迷信還是被視為危險的舉動，而且要以死刑加以懲處。當蘇格拉底被看作是個人迷信的帶頭人時，人們的這種偏見就會給他帶來傷害，這在一些文獻中有所暗示。在喜劇《雲》中，在描寫蘇格拉底引薦斯特里普斯亞德斯(Strepsiades)到他的「思想學校」時，阿里斯托芬模仿了一種神秘宗教的入教儀式，這明顯是對蘇格拉底的一種嘲諷(250–74)。而在阿里斯托芬的另一部喜劇《鳥》(創作於公元前414年)的一段合唱中提到，蘇格拉底在一個神秘的湖畔招魂喚鬼，而他的朋友卡厄里芬(在喜劇《雲》中是蘇格拉底的學生之一)「這隻蝙蝠」就是他招喚出來的鬼魂之一(1553–64)。人們還認

27　見《遊敘弗倫篇》3b，比較色諾芬《回憶蘇格拉底》1.1.2。

為，蘇格拉底還帶領一幫人，搞神秘學研究，有一次在波提達依，他陷入迷狂的狀態，紋絲不動地站在一個地方，冥思苦想了一整天[28]，這些都是指摘他行為怪異的依據。我們看到，蘇格拉底既是一個不敬神的自然哲學家，同時又是一個裝神弄鬼的苦行者，他的這兩種形象似乎彼此不太吻合。但這種形象上的矛盾在公元前五世紀還不是很明顯。無論如何，我們這裏關注的是當時的思想風氣，而不是那些聽上去振振有詞的罪狀。我認為，在古希臘人看來，蘇格拉底是宗教的離經叛道者和傳統道德的顛覆者，他密友一些駭人聽聞的罪行已經充分地顯示了他對年輕人的負面影響。

關於控告蘇格拉底的理由就說到這裏。至於蘇格拉底的辯詞，一直有人說(最早可以追溯到公元前四世紀)蘇格拉底並沒有提供什麼證據來反駁控方，但許多事實表明，蘇格拉底確實進行了申辯，只是蘇格拉底的申辯太與眾不同，以至於人們認為他事先根本就沒有打算要進行申辯，或者說他不是當真希望可以使陪審團相信他是無罪的。[29](西塞羅 [Cicero《演說集》，1.231]還有其他人都曾描述說呂西亞斯為蘇格拉底寫了一份申辯詞，但沒有料到，蘇格拉底拒絕在法庭上宣讀。這個故事很可能只說明蘇格拉底的申辯

28　見《會飲篇》220c–d。

29　色諾芬《申辯篇》1–8。

詞只是呂西亞斯寫的許多篇演說稿中的一篇。見普盧塔克[Plutarch][30]寫的《呂西亞斯傳》，863b。）我們自然要問，由柏拉圖和色諾芬寫的兩個不同版本的《申辯篇》究竟在多大程度上真實反映了蘇格拉底申辯詞的基本內容。這兩部作品在性質上迥然不同。柏拉圖的《申辯篇》要比色諾芬的版本長四倍，聲稱是一字不差地記錄了蘇格拉底發表的三篇申辯詞，第一篇是對他控罪所作的辯護，第二篇是他被定罪之後對刑罰問題所作的申訴，第三篇是在陪審團投票判他死刑之後，他對陪審團發表的演說。色諾芬的《申辯篇》是一部敘事性的作品，它首先解釋了蘇格拉底為什麼事先沒有打算進行申辯，接着從蘇格拉底的主要申辯發言及其向陪審團所作的最後陳述中摘錄了一些內容（用直接引語敘述），最後對蘇格拉底在審判之後講的一些話進行了記錄和彙編。這兩部作品在內容上也有許多不同之處。儘管它們都反映了蘇格拉底對他三條罪狀所作的申辯，但是在申辯的內容上有很大的出入。色諾芬描寫的蘇格拉底駁斥了對他不信城邦諸神的指控，他認為自己一直積極參加城邦公共的敬神活動；至於指控他引入了新神，蘇格拉底認為，這僅僅是因為他得到了神示。在他看來，傳統宗教也經常依賴於

---

30 普盧塔克(Plutarch，約在公元46–120)，古希臘傳記作家和散文家，創作了大約200多部作品，比較有名的是《希臘羅馬名人傳》以及《道德論叢》。——譯注

神示和神諭。他還駁斥了說他腐化青年的指控。他強調，對於傳統美德，他一向是身體力行，這是眾所周知的。另外，他還聲稱，人們真正不滿的其實是他對青年的教育，但他認為，這種教育對青年是有百利而無一害的。蘇格拉底說話的口氣中規中矩，不敢越雷池半步，以至於讀者可能都會覺得奇怪，人們為什麼會告他。

相反，柏拉圖筆下的蘇格拉底一開始就表示，現在對他的指控是對他長期誤解的結果。這種誤解最早要追溯到阿里斯托芬對他的諷刺挖苦，其中有許多不實之詞，最主要是兩條：一是說他自稱是自然哲學的權威，另一個說他是為了錢才去教書的(在反駁第二個謊言的過程中，柏拉圖筆下的蘇格拉底否認他教過任何人，這與色諾芬筆下的不同)。蘇格拉底認為，人們之所以對他的行為有所曲解，是因為他聲稱具有某種智慧。正是對這種智慧的解釋使得柏拉圖筆下的蘇格拉底遠在色諾芬筆下的蘇格拉底之上，因為前者的解釋相當於是一篇自辯詞，他把自己的生活方式看作是一種神聖的使命，和世俗成規迥然有別。

按照柏拉圖的說法，這個使命的淵源起於蘇格拉底的朋友卡厄里芬到德爾斐的阿波羅神廟去求神諭。卡厄里芬問神靈還有沒有比蘇格拉底更有智慧的人，神諭上說沒有了。因為蘇格拉底知道他並不具有什麼專長，他對神諭的內容感到有些迷惑，就在那些公認的權威中間去尋找比他更有智慧的人(他首先找了政治

家，隨後又找了詩人和手藝人）。通過對他們專業知識的詢問，蘇格拉底發現這些權威實際上不具有他們自己宣稱的那種智慧，反而是他自己更有智慧，因為他至少知道自己的無知。於是，他明白了，神諭之所以說他有智慧正是因為他意識到了自己的無知，所以他的神聖使命就是告訴其他人，他們所謂的智慧只是徒有虛名而已。正是履行了這種質問他人的使命（通常就是指「蘇格拉底的反詰法」，「反詰」這個詞的希臘原文*elenchos*，就是「審視」、「質問」的意思）使得他不受歡迎，旁人對他也產生了誤解。他在申辯中強調這種使命會給城邦帶來最大的利益，他有義務嚴格按神的旨意執行這種使命，即使失去生命，也在所不惜。

這段敘述存在很多問題，首先，最明顯的就是神諭的真實性。這段敘述有依據嗎？或者按一些學者的觀點，這僅僅是柏拉圖的杜撰？沒有關於德爾斐神諭的正式記載來幫助我們確證這段敘述的真實性。我們所知道的大多數有關神諭上的回答都出自文學作品，其真實性都有待一一考證。事實上，色諾芬也提到了這個神諭，但這也不算是一條獨立證據，因為他在寫作時就已知道柏拉圖對此事的記載，因此他對這個神諭的敘述多半來自柏拉圖。我們很難去考證這個神諭的真實性，但我個人還是傾向於認可。如果它是假的，那為什麼柏拉圖要點明是卡厄里芬去求神諭而不是說是「某個人」去求神諭？為什麼他還要補充一個

旁證說，儘管卡厄里芬在蘇格拉底受審時已經去世，但他的兄弟還健在，可以證明這段敘述的真實性？這段敘述在柏拉圖和色諾芬筆下起了不同的作用，這比其歷史真實性更為重要。按照色諾芬的說法，神諭上說的是，再沒有人比蘇格拉底更具有自由的精神、更公正、更有自制力，後又引用了一些事例來證明上述這些美德，而對於他的智慧就提得很少。按照柏拉圖的記述，神諭上說的是再沒有人比蘇格拉底更有智慧了，而蘇格拉底的智慧就是自我認識。色諾芬意在利用這段敘述凸顯蘇格拉底身上的傳統美德，而柏拉圖則是要說明，蘇格拉底的反詰是在履行一項神聖的使命，是一種最虔誠的行為。

柏拉圖關於神諭的敘述還有一個最明顯的特徵。在他筆下，蘇格拉底不再追尋神諭的意義，轉而通過不斷盤問雅典公民來關切他們的靈魂，以此作為他終生的志業。

《申辯篇》(23a)有一段對神諭意義的闡釋：「事實上神(只有神)才是智慧的，人的智慧不重要，甚至毫無價值……人哪，蘇格拉底才是你們中間最有智慧的人，因為他知道事實上他並沒有什麼智慧」。這個發現並沒有讓蘇格拉底停止探求，反而使他繼續追問：「正因為這個原因，我才遵照神的旨意四處奔波去尋找我認為是有智慧的每一個人，不管他是雅典公民還是外邦人；當我發現他並沒有什麼智慧的時候，

我就要代神向他指出，他不是一個有智慧的人」。為什麼蘇格拉底要「代神」向人們指出，他們自誇的智慧是毫無根據的呢？神要求他去告知人們，只有神才擁有真正的智慧，人沒有真正的智慧，這是為什麼呢？傳統的觀點認為，人應該有自知之明，應該承認自己比不上神；對於那些試圖要僭越此一神人差距的人，都要受到神嚴厲的懲罰，比如阿波羅神曾經痛斥好色之徒瑪息阿（Marsyas），因其要與他在音樂上比個高低。然而，人們從蘇格拉底的質問所得到的益處並不是那種表面上的東西。蘇格拉底的質問是要人們「關注智識、真理和靈魂的最佳狀態」（29e），因為「正是因為德性，財富和其他東西才可能在公私兩方面都對人有益」（30b）。自我認識和靈魂向善之間有着密切的關係；或者説自我認識就等同於靈魂向善，是靈魂向善的必要或充分條件，或者就是充要條件。這就是為什麼説蘇格拉底為神效勞能夠給城邦帶來最大的好處。

自我認識和靈魂向善之間的具體關係在《申辯篇》裏並沒有講得很清楚。清楚的是，柏拉圖把知識和德性的關係作為許多蘇格拉底對話的主題。按《申辯篇》裏的描述，這也是蘇格拉底用來反駁説他不敬城邦諸神的要點所在。與色諾芬不同，柏拉圖並沒有提及蘇格拉底在公開或私下場合是否遵行了傳統的宗教禮儀。他是把蘇格拉底的哲學生活方式視作更加高

級的宗教實踐，即服從一位要我們完善自己靈魂的神。色諾芬和柏拉圖都按照自己的方式來編排蘇格拉底對指控的回答，色諾芬強調蘇格拉底身上十分傳統的虔誠和德性，柏拉圖則將蘇格拉底描繪成履行哲學生活方式的楷模。

柏拉圖筆下蘇格拉底對指控的回答顯示出蘇格拉底質問的力量。當麥勒圖斯指控蘇格拉底引入新神，蘇格拉底就通過盤問使麥勒圖斯承認自己的立場是前後矛盾的，因為麥勒圖斯既堅持說蘇格拉底引入了新神，同時又說蘇格拉底不承認神的存在。至於指控他腐化青年，蘇格拉底就反駁說，如果他腐化了他們，那他也不是存心的，因為他要是腐化了青年，他們便會加害於他，而事實上沒有任何人這麼做過。蘇格拉底的後一個論點對他在柏拉圖其他幾段對話中提出的倫理命題至關重要。我們看到，柏拉圖所設計的蘇格拉底對指控的反駁，不僅依賴於蘇格拉底的辯論技巧，而且還借助於蘇格拉底的倫理學說。在柏拉圖看來，對蘇格拉底的指控並不是一種人身攻擊，更重要的是一種對蘇格拉底哲學實踐的攻擊，要對這種攻擊進行反駁，就要指出蘇格拉底其實是在為神效勞，而且還要充分利用蘇格拉底的論辯技巧及其思想學說。與柏拉圖不同，在色諾芬筆下，蘇格拉底的反駁就沒有什麼哲學內容。

要想通過把色諾芬和柏拉圖的描寫結合起來，做

到真實地重現蘇格拉底受審時的自我辯護，其結果必然是徒勞無功的，因為他們二人都是按自己的思路來編寫蘇格拉底的申辯內容。我認為，不可能弄清蘇格拉底是否真的作過按柏拉圖或色諾芬記述的那些陳述或申辯。從一個更廣闊的視角來看，我認為，與色諾芬的記述相比，柏拉圖的記述更能抓住當時審判的氣氛，更能體現蘇格拉底申辯的真實內容。原因有二：首先，與色諾芬的記述比較，柏拉圖強調了阿里斯托芬對蘇格拉底的嘲諷及其影響（色諾芬完全沒有提到這個方面），這就把對蘇格拉底的指控置於相關的歷史背景之下，也使對蘇格拉底不敬城邦諸神和引入新神的指控聽起來更可信。其次，蘇格拉底的申辯與眾不同，色諾芬對此的描述卻枯燥乏味；而柏拉圖卻生動有趣地記述了蘇格拉底視其反詰為敬神利邦之舉的事情。最具有諷刺意味的是，很多作家都指責蘇格拉底傲慢自大，柏拉圖本想替蘇格拉底辯解，但在他筆下，蘇格拉底在宣稱其反詰是敬神利邦之舉時比在反駁對他的指控時表現得更為傲慢自大。

第三章
蘇格拉底文獻和蘇格拉底問題

　　上一章對蘇格拉底的生平及其死亡原因的介紹，已使我們不得不面對所謂的「蘇格拉底問題」，即如何通過文獻去瞭解歷史上真實的蘇格拉底的生平和性格。上一章的每一論斷，或明或暗地都包含了一些對其所依據文獻的性質和可靠性的假設。上一章還特別強調，柏拉圖和色諾芬是站在不同的立場上來構想蘇格拉底的申辯；最後結尾時說道，除了勉強能確定個別攻擊蘇格拉底的詞句外，我們手頭的文獻只能讓我們知道蘇格拉底申辯過程的大概，對其詳情，我們仍一無所知。本章的任務是概述那些流傳至今的、涉及蘇格拉底的各種古代文獻及其所屬體裁，希望以此來弄清造成這一結果的來龍去脈。

柏拉圖之外的其他描述者

　　對於第一類蘇格拉底文獻，主要是公元前五世紀出現的那些描寫蘇格拉底的喜劇，此處我並沒有什麼要補充的。這些喜劇是唯一在蘇格拉底去世前就已完

成的蘇格拉底文獻，所以這部分文獻不可能受到柏拉圖的影響。這類喜劇表現了時人對蘇格拉底的諷刺和挖苦，並且將他與當時知識分子生活的重要方面聯繫起來。我們有理由相信，在很大程度上，正是這種諷刺挖苦導致了人們對蘇格拉底的懷疑和敵視，並最終造成了他的死亡。

亞里士多德在《詩論》的開頭就提到，「蘇格拉底對話」與公元前五世紀西西里的兩位劇作家索夫龍(Sophron)和塞那庫斯(Xenarchus)的滑稽劇屬同一表現體裁(他們顯然是一對父子)，但他還沒有找到一個名字來給這種體裁命名。「滑稽劇」是對日常生活場景的戲劇化摹仿(有些劇作的名字就叫「岳母」或是「金槍魚與漁夫」)，這些「滑稽劇」都是虛構的，從表面上看，還都帶有喜劇色彩，劇中的男女人物都代表着某類人。並沒有證據表明，劇中描繪的人物就是真實的歷史人物。雖然亞里士多德把這類滑稽劇與蘇格拉底的對話視為同一種藝術體裁，而且據說柏拉圖曾經還把這類滑稽劇介紹給雅典人，他的人物描寫也受其影響，但我們不能誇大兩者的相似之處，因為這種相似僅在於都是用散文體的對話來(粗略地)描寫時下的生活。我們也不能貿然地下結論說，因為滑稽劇完全是虛構的，而蘇格拉底的對話跟滑稽劇屬同一藝術體裁，所以蘇格拉底的對話也完全是虛構的。至少有一點不是完全虛構的，這就是對話所描寫的人物都來自

現實生活。至於說到人物描寫的虛構程度，那就是另外一個問題了。

至於說是誰率先用「蘇格拉底對話」這一體裁寫作，不同的古代文獻看法不同，沒有證據顯示，這類作品是蘇格拉底生前就創作出來的，但完全有理由認為，其作者都有着同樣的意圖（色諾芬對此直言不諱），那就是為了紀念蘇格拉底，為了替蘇格拉底辯護，以此來批駁對蘇格拉底的指控和審判，反駁那些誹謗蘇格拉底的傳聞（比如大約在公元前394年之後的某個時候，就有一個叫波呂克拉特斯[Polycrates]的演說家寫了一本名為《蘇格拉底罪名》的小冊子來誹謗蘇格拉底，這本小冊子現已失傳）。根據第歐根尼‧拉爾修的記載，蘇格拉底的一些朋友記錄了他的對話，我們沒有理由不相信拉爾修，但正像我們不要認定「蘇格拉底對話」完全是虛構的一樣，我們也必須避免走向另一個極端，認為這些朋友的作品就是蘇格拉底對話的真實記錄。這種記錄的作用不是為以後的公開出版提供一字不差的信息，而是保留一些有關蘇格拉底的真實材料，為描寫蘇格拉底提供更為豐富的想像空間。

除了柏拉圖和色諾芬的作品之外，大多文獻都已失傳。對於其他大多數作家我們最多只知道一些書名和文字片斷。從一些書名上看，它們之間在主題上是互相關聯的，其中也包括了與柏拉圖對話的關聯。據

說，克力同曾經寫過一本《普羅泰戈拉》和一篇蘇格拉底的申辯詞；埃斯基涅斯、安提西尼(Antisthenes)、歐克萊德斯(Eucleides)以及斐多(Phaedo)都寫過名為《阿爾西比亞德斯》的著作；埃斯基涅斯和安提西尼各自都寫過名為《阿斯帕希婭》的書(阿斯帕希婭[Aspasia]是著名政治家伯里克利[Pericles]的情婦，也是柏拉圖寫作《美諾篇》的靈感來源)；安提西尼也寫過《梅內克塞諾篇》。特別引起我們注意的是一份保留在莎草紙上的匿名古代殘篇(現收藏在德國科隆)，其中記錄了蘇格拉底在被判處死刑之後與一個未披露姓名者在牢房裏的對話(這使我們想起柏拉圖的《克力同篇》)，這個人問蘇格拉底為什麼他在受審時不為自己辯護。像在《普羅泰戈拉篇》中一樣，蘇格拉底回答說，快樂是生命的最高目標，這個觀點為蘇格拉底的朋友、昔蘭尼學派的創始人亞里斯提卜(Aristippus)所採納(他也寫過一個蘇格拉底的對話)。有可能這篇匿名作品的作者也屬昔蘭尼學派成員。另一個與柏拉圖的《普羅泰戈拉篇》有關聯的文獻是埃斯基涅斯所寫的《卡里亞斯》(卡里亞斯[Callias]的家正是柏拉圖對話和色諾芬《會飲篇》中故事發生的背景)。除了《阿爾西比亞德斯》外，麥加拉的歐克萊德斯(Eucleides of Megara)還寫有《埃斯基涅斯》《克力同》和《愛慾篇》(愛慾是典型的蘇格拉底對話的主題，在柏拉圖的《斐德羅篇》和《會飲篇》以及埃斯基涅斯的《阿爾

圖7　蘇格拉底訓斥阿爾西比亞德斯的場景（意大利畫派作品，約1780年）

西比亞得斯》中也有論述）。阿爾西比亞德斯的名字在這些文獻中頻繁出現，這絕非偶然。我們在上一章已經看到，正因為蘇格拉底與阿爾西比亞德斯過從甚密，人們才控告蘇格拉底腐化青年，而且在他死後，人們還以此事來詆毀他的名聲；按照色諾芬的說法[1]，「控告人（也許是波呂克拉特斯）說，克里底亞和阿爾西比亞德斯是蘇格拉底的朋友，他們二人給城邦帶來了最嚴重的危害。克里底亞是寡頭統治集團中最貪婪和最殘暴的人，而阿爾西比亞德斯則是民主派中最不負責任和最不講道德的人」。蘇格拉底文獻的主旨之一就是要向世人說明，蘇格拉底並沒有鼓勵阿爾西比亞德斯去胡作非為，相反，蘇格拉底一直在試圖約束他。阿爾西比亞德斯之所以犯罪（包括瀆聖罪和叛國罪），正是因為他沒有聽從蘇格拉底的勸告，沒有身體力行蘇格拉底的教導。色諾芬在《回憶蘇格拉底》(1.2)中（像克里底亞一樣）很平淡地提到，只要阿爾西比亞德斯在蘇格拉底身邊，他就會去行善，但是只要他離開了蘇格拉底，他就有可能去作惡，但不管怎樣說，他最初跟隨蘇格拉底是為了追求政治權力，而不是出於對蘇格拉底的仰慕之情。（這是一個靠不住的理由，他為什麼會因為渴望權力而追隨蘇格拉底，除非他相信蘇格拉底能夠幫助他獲取權力？）柏拉圖在《會飲篇》中把阿爾西比亞德斯當作一個戲劇性人物，以

1　見《回憶蘇格拉底》1.2.12。

他作為第一人稱，描述他與蘇格拉底的關係。柏拉圖的目的也是想要說明阿爾西比亞德斯的胡作非為與蘇格拉底並無關係。蘇格拉底的勇氣和自制(不同於阿爾西比亞德斯無法抵制性慾的誘惑)讓阿爾西比亞德斯感到羞愧，他承認他應該照蘇格拉底的教導去做，但只要一離開蘇格拉底，他就會受到眾人的恭維，所以他很樂意看到蘇格拉底死去(216b–c)。冒充柏拉圖之名寫的《第一個阿爾西比亞德斯》一書也記述了同樣的內容。阿爾西比亞德斯自信他的能力超過任何一個公認的政治領袖，因此他打算涉足政界，而蘇格拉底的任務是要讓他相信，他不具備從政的條件，因為他缺少必要的知識，不知道什麼是至善。在對話的最後，阿爾西比亞德斯承諾要聽從蘇格拉底的勸告。蘇格拉底的回答談到了他們各自的命運，他擔心城邦的力量對他們兩人來說都過於強大。

　　來自斯菲特斯的埃斯基涅斯(Aeschines of Sphettus)寫的《阿爾西比亞德斯》同樣討論了野心、羞愧、知識這樣的主題，我們現在保有這部著作中的一些重要章節。蘇格拉底向一個不知其名的同伴述說了他與阿爾西比亞德斯的對話，一開始他就說注意到阿爾西比亞德斯的政治野心是如何受到塞米斯托克利斯(Themistocles)的影響，後者在公元前480年領導雅典人抗擊波斯人，是一名傑出的政治家。接着蘇格拉底指出，儘管塞米斯托克利斯的政治功績是建立在他的

知識和才智之上，但這些知識和才智最後也沒有使他逃脫遭貶謫和被流放的結局。蘇格拉底說這些的目的是想讓阿爾西比亞德斯明白，他在才智方面遠遜於塞米斯托克利斯，他完全不可能在功績上與其一爭高下。蘇格拉底的策略很有效，他使得阿爾西比亞德斯突然大哭起來，將頭靠在蘇格拉底的膝蓋上，乞求蘇格拉底給他以教誨。蘇格拉底向他的同伴總結說，他之所以能夠打動阿爾西比亞德斯不是因為他自身的任何技巧，而是因為有天賜的秉賦，這秉賦便是他對阿爾西比亞德斯的愛：「儘管我知道我教給別人的任何技巧方法對阿爾西比亞德斯來說都是無益的，但我可以常伴他左右，我相信愛的力量可以使他聰明起來」。這個情節將柏拉圖在描述蘇格拉底時強調的兩個問題結合了起來：否認知識和自己教書育人的能力，強調愛在增進友誼、教育愛人方面的作用。[2]

另一部流傳至今、包含有蘇格拉底對話重要片斷的作品(除了柏拉圖和色諾芬的對話之外)是埃斯基涅斯寫的《阿斯帕希婭》。這部作品也涉及到其他蘇格拉底文獻裏的主題。它記述了蘇格拉底與卡里亞斯(Callias)之間的一次對話。對話的開場讓我們想起了柏拉圖《申辯篇》的一節(20a–c)。在這節中蘇格拉底說到，卡里亞斯聘請了來自帕羅斯的名叫尤努斯(Euenus)的智者做他兒子的家庭教師，但是埃斯基涅

2　見《會飲篇》和《斐德羅篇》。

斯對話中的情形與此剛好相反，説是卡里亞斯請求蘇格拉底給他推薦一個家庭教師，令人吃驚的是蘇格拉底向他推薦了有名的交際花阿斯帕希婭。蘇格拉底舉出阿斯帕希婭的兩個特殊專長作為推薦理由：修辭方面，阿斯帕希婭教過著名的伯里克利和另一個傑出政治家呂西克勒斯(Lysicles)修辭學；再就是她在婚姻方面的指導。關於前者，在這個對話和柏拉圖的《梅内克塞諾篇》裏都有涉及。在《梅内克塞諾篇》裏，蘇格拉底發表了一個葬禮演説，他説這個演説詞是由阿斯帕希婭寫的，還説阿斯帕希婭還教會了許多人使用修辭術，其中包括伯里克利。修昔底德(Thucydides)在他《歷史》的第二卷也提到阿斯帕希婭寫過的那篇有名的葬禮演説詞。至於在婚姻方面的指導則與色諾芬有關。按照蘇格拉底對話中的描述，接受阿斯帕希婭英明指導的正是色諾芬本人和他的妻子。(這種指導具有典型的蘇格拉底的特徵。阿斯帕希婭開始舉出許多事物讓他們挑選。結果丈夫和妻子什麼東西都想要最好的，比如最好的衣服和最好的馬匹等。然後她總結説，在配偶方面，他們也想要最好的，她由此推斷他們應該使自己的伴侶更加完美。)這就難怪色諾芬為什麼會兩次提到阿斯帕希婭擅長做媒和培訓已婚婦女。[3]當然，我們不好斷定説色諾芬本人確實像埃斯基涅斯説的那樣，曾受惠於阿斯帕希婭在婚姻方面的指導。

3 見《回憶蘇格拉底》2.6.36和《經濟學篇》3.14。

但這是蘇格拉底文人圈子裏的一個共同話題，後來無論誰談及這個話題(這似乎是一個有待討論的問題)大概都要考慮到以前的一些說法。現在我們仍很難說，柏拉圖的《梅內克塞諾篇》、埃斯基涅斯和安提西尼的《阿斯帕希婭》以及各種版本的《阿爾西比亞德斯》究竟哪個重要，哪個不重要。總的說來，除了色諾芬明確提到的柏拉圖的那些著作之外，我們似乎還沒有什麼根據來斷定這些蘇格拉底對話著作之間的優劣。

色諾芬的著作和柏拉圖的對話錄是所有蘇格拉底文獻中僅有的保存完整的作品。除了對蘇格拉底的申辯進行描述之外，色諾芬還有四卷本的《回憶蘇格拉底》，用直接引語記錄了蘇格拉底的對話；再就是《會飲篇》，生動地敘述了蘇格拉底受邀參加一個晚宴的情形，與柏拉圖《會飲篇》裏的記述比較接近，無疑是參考了柏拉圖的這部作品；《經濟學篇》以蘇格拉底對話形式論述了地產管理方面的問題，充滿了道德說教。《回憶蘇格拉底》的開篇說得很清楚，它的主旨就是為蘇格拉底辯護。色諾芬首先列出了對蘇格拉底的指控，然後引入蘇格拉底的對話，詳盡闡述《申辯篇》前兩章的主題，即，蘇格拉底非常虔誠，作為一個道德的楷模，他對自己的青年朋友產生了良好的影響，遺憾的是有些青年朋友不聽他的勸告而變得道德敗壞。在《回憶蘇格拉底》的其餘篇章裏，這些主題在一系列的對話中進行了詳盡地闡發。對

話通常是在蘇格拉底和另一人之間展開，有時據說還有其他人在場；參加對話者大多是蘇格拉底的熟人，如亞里斯提卜、克力同和他的兒子克里托布魯斯（Critobulus）以及色諾芬本人，另外還有一些其他人物，如伯里克利的一個兒子，智者安梯豐（Antiphon）和希比阿（Hippias），除此之外還有一個叫狄奧多特（Theodote）的高級男妓。最後一章又回到了色諾芬的《申辯篇》一開始的主題，色諾芬說蘇格拉底不打算為自己辯護，因為有神的預兆指示他說，與其讓自己慢慢老去，還不如坦然赴死。他最後稱頌蘇格拉底是最優秀和最幸福的人，蘇格拉底不僅自己在道德操守上出類拔萃，還鼓勵其他人施德行善。

　　色諾芬的這部作品是一部更詳細、更全面的《申辯篇》。為了使全書風格保持一致，該書中對話內容更多地是提倡虔誠和道德修養，並給予一些實用的建議。例如，蘇格拉底曾用神意對世界的安排來開導一個名叫阿里斯托德穆斯（Aristodemus）的不敬神的朋友。他講到眼睫毛是怎樣被神設計來為眼睛擋風的（1.4）。除此之外，他還講了一個智者普洛狄庫斯（Prodicus）的故事。這個故事說赫拉克勒斯施德行善，樂而不淫，拒絕了各種邪惡放蕩的誘惑（2.1）。蘇格拉底想用這個故事來勸告享樂主義者亞里斯提卜要有自制力。蘇格拉底還與許多對話者一起討論了一般原則的作用問題（3.1–5），勸一個經濟拮据的朋友要讓家

裏的女人學會做衣服(2.7)，並向人們指出身體健康的重要性(3.12)，提醒他們注意就餐禮儀(3.14)。這些記述並不表明這部作品就沒有什麼哲學內容。我們發現，蘇格拉底使用了柏拉圖對話中常見的論辯方法，如從各行各業的實踐經驗中，選取類似的事例，運用歸納論證，得出結論(2.3)。除此之外，還有很多蘇格拉底盤詰他人以證明對方缺乏相關知識的故事(值得注意的是3.6和4.2節，他盤詰了聲稱有政治領導才能的柏拉圖的兄長格老孔[Glaucon]和一位名叫歐諦德謨[Euthydemus]的青年朋友。這使我們想起了埃斯基涅斯的《阿爾西比亞 德斯》和假託柏拉圖之名寫的《第一個阿爾西比亞德斯》中對阿爾西比亞德斯類似的盤詰)。還有兩章(3.9和4.6)專門探討了柏拉圖對話中常見的哲學話題；前一章先討論勇氣是一種自然天賦還是一種教育結果(《美諾篇》的開篇就有一個類似的問題，這在《普羅泰戈拉篇》裏也有明顯的記述)。接着色諾芬在這一章裏(見第4節和第5節)說到，蘇格拉底首先將智慧與自我克制等同起來，然後又將智慧與正義和其他德性等同起來。這一點同樣與《美諾篇》和《普羅泰戈拉篇》有關，因為在這兩部作品中蘇格拉底都極力捍衛德性就是知識的主張。後面一章(4.6)涉及定義的問題。在柏拉圖的一些對話中，蘇格拉底將「某某是什麼」(如「正義是什麼」)這類下定義的問題看作是哲學的首要問題，並且用虔誠(在《遊敘弗倫

篇》裏有論述)和勇氣(在《拉凱篇》裏有論述)作為例子來闡 述其基本觀點。色諾芬在這一章的第6節指出了常見於柏拉圖的《美諾篇》《高爾吉亞篇》和《普羅泰戈拉篇》中「蘇格拉底的悖論」，即沒有一個人是自覺地去做錯事。在第11節色諾芬也提出了相關的論斷，即那些知道應怎樣應對危險的人是英勇的，而那些犯錯誤的人則是怯懦的。蘇格拉底在《普羅泰戈拉篇》(359–60)中就論證了這個命題。

概括地說，有關哲學的內容在《回憶蘇格拉底》中不及虔誠、德性、實踐忠告重要，但是它所包含的哲學內容與其他的蘇格拉底文獻中包含的哲學思想基本相同，尤其是柏拉圖的對話。這裏就產生了一個問題，我們是相信色諾芬有關蘇格拉底哲學思想及其方法的文獻資料完全來源於他自己的收集，還原了歷史上真實的蘇格拉底，還是相信他的資料來源於其他的蘇格拉底文獻，尤其是柏拉圖的著作。我們必須謹慎地對待這個問題。確實有些內容說明色諾芬的著作是以柏拉圖的著作為基礎。色諾芬的《會飲篇》(8.32)記述的波桑尼亞斯(Pausanias)和斐德羅(Phaedrus)的演講，很明顯地參照了柏拉圖的《會飲篇》。色諾芬在《申辯篇》第一章中提到了許多早期有關蘇格拉底審判的文獻，很可能其中就包括了柏拉圖的《申辯篇》。但《回憶蘇格拉底》中沒有明顯引用柏拉圖著作的內容，因此我們沒有理由說，只要色諾芬討論的

主題與柏拉圖一樣，就一定是色諾芬用了柏拉圖的資料，而不是柏拉圖受色諾芬的影響，或者說他們都依賴於一個共同的資料來源，包括對歷史上的蘇格拉底的回憶。（我們還不能肯定柏拉圖和色諾芬完成這些著作的確切時間。）從另一方面看，色諾芬是在蘇格拉底被判死刑兩年前就離開了雅典，在三十多年後才重回到雅典。他絕大多數記述蘇格拉底的著作都是在流放期間完成的，而他在這段時期失去了與雅典人的聯繫，因此他必定借助了包括柏拉圖在內的其他人寫的有關蘇格拉底的著作，以此來幫助自己回憶並加深對蘇格拉底的認識。既然前面提到可以用柏拉圖的影響來解釋為什麼色諾芬在哲學方面與柏拉圖有許多相似之處，既然我們能夠斷定色諾芬在離開雅典期間參閱了柏拉圖的著作，那麼最慎重的辦法就是承認，《回憶蘇格拉底》裏的哲學內容不能當作一個獨立的資料來源來證明歷史上蘇格拉底真實的哲學觀點。同樣，我們無法斷定色諾芬對蘇格拉底個性和對話的描寫就一定比其他作者的描寫更符合歷史實情。色諾芬確實作為對話者在對話中出現過(1.3.8–15)，他有時聲稱他也在對話的現場(1.4, 2.4–5, 4.3)，但他說，大多數的對話他都沒有參加。不管怎樣，說他在場只是一種文學虛構。色諾芬稱自己出席了《會飲篇》[4] 裏記述的晚宴，這個戲劇性的日子是在公元前422年，而當時他

4　見《會飲篇》1.1。

大概只有八歲。另外還有一些對話，比如與一些智者的辯論（1.6, 2.1, 4.4），對一些野心勃勃的年輕人的反詰（3.1–6, 4.2–3），這在當時的蘇格拉底文獻中很流行。《回憶蘇格拉底》中有關蘇格拉底對話的一些描述，可能確實出自色諾芬本人或是其他人對蘇格拉底對話的真實回憶，但我們沒有辦法確認這部作品究竟有多少內容是來自真實的回憶。這些回憶確為《回憶蘇格拉底》提供了素材，但對這些素材的處理定會受為蘇格拉底辯護這一目的的影響，同時還必須遵循創作蘇格拉底對話的一般文學原則。

在本節的最後，我要談及另一位作者，儘管他並未寫過蘇格拉底對話作品，但人們一直認為，他的作品為瞭解歷史上真實的蘇格拉底提供了獨立的資料來源。此人便是亞里士多德。（亞里士多德寫過一些現已失傳的對話作品，但沒有證據表明這些作品是對蘇格拉底對話的描寫。）與我們已經論述過的其他作者不同，亞里士多德沒有親自結識過蘇格拉底，在他出生前15年蘇格拉底就已去世。公元前367年他作為一個17歲的學生進入柏拉圖的學園，他在這裏一呆就是20年，直到公元前347年柏拉圖去世。可以肯定，他在這段時間裏與柏拉圖有着私人的交往。在他的著作中有許多地方提到蘇格拉底。他經常在上下文中提到的蘇格拉底顯然來自於柏拉圖的描述，例如在《政治學》（1261^a, 5–8）中，他就提到了柏拉圖的《理想國》，

並說道「蘇格拉底提議妻子、孩子以及財產應該公有」。然而，有時他的論述又表明他試圖談論的是歷史上的蘇格拉底。就他著作中的這些論述而言，我們必須考慮，他對蘇格拉底的描寫是否有未受柏拉圖影響的地方。

在《形而上學》(1078^b, 27–32)的一段重要文字中，亞里士多德在論述柏拉圖理念論的來源時説道：

> 有兩件事情可以歸之於蘇格拉底，這就是歸納推理和普遍定義，因為它們都與知識的出發點相關；然而，蘇格拉底並沒有把普遍和定義當作分離存在的東西，可是他們（即柏拉圖和他的後繼者們）把普遍或者定義當作是分離存在的東西，並把它們叫做理念。[5]

按照柏拉圖的描述，蘇格拉底在幾次對話中都始終堅持理念是分別存在的理論，最明顯的是在《斐多篇》和《理想國》中，所有參與討論的人都熟悉這個理論[6]。事實上，認為蘇格拉底沒有將普遍和定義分離的主張不可能來自亞里士多德對柏拉圖著作的解讀，柏拉圖在學園中的口述才是這個主張最初的來源。我

5　譯文參考了苗力田主編的《亞里士多德全集》第七卷，苗力田譯，中國人民大學出版社，1993年，第297頁。

6　見《斐多篇》76d,《理想國》507a–b。

們不一定要假定亞里士多德與年長他40歲的柏拉圖的私交很好，(據說他是一個很得柏拉圖歡心的學生，而且還寫過一首詩來讚美柏拉圖)，或者說回憶蘇格拉底是學園裏經常討論的一個話題。我們需要假定的是，學園裏面的人都清楚蘇格拉底通過柏拉圖所起的作用。要不是這樣就令人感到不可思議了。現代的一些學者對此表示懷疑是完全沒有道理的。除了說蘇格拉底沒有把理念分離開來之外，學園的口傳究竟還包含了其他多少內容，我們無法說清。但我認為，除了上述亞里士多德的那個否定性結論之外，這個口傳完全有可能還包含了相關的兩個肯定性論斷，即蘇格拉底一直尋求普遍定義和運用歸納推理。

柏拉圖

　　除了被普遍看作是柏拉圖最後著作的《法律篇》之外，蘇格拉底出現在了柏拉圖的所有對話中。更嚴格地說，除了《法律篇》《申辯篇》(它本身不是一部對話著作)和《書信集》(其真實性尚有爭議)之外，柏拉圖的所有著作都是在描述蘇格拉底的對話。然而，在這一系列的著作中，柏拉圖對蘇格拉底的描述還是有着相當的變化。一般認為，《智者篇》和《政治家篇》從文體風格上看，應該是柏拉圖的後期著作，蘇格拉底只出現在這兩部對話的開頭，他僅僅在這兩個

對話之間和這兩個對話與《泰阿泰德篇》之間起承上啟下的連接作用。在柏拉圖的大多數對話作品中都是由蘇格拉底來充當對話主角，但在這兩篇對話中，主角卻是一個來自埃利亞的客人(巴門尼德哲學的一個代表人物)。同樣的情景也出現在後來的《蒂邁歐篇》及其未完成的續篇《克里底亞篇》中。在這兩部對話中，蘇格拉底僅在對話的開頭短暫出現，對話的主角是另外兩個人，對話的篇名就是這兩個人的名字。在《巴門尼德篇》中，蘇格拉底唯一一次以一個青年男子的面目出現，他的主要作用是接受老巴門尼德在哲學方法方面的教誨。即使是在一些以蘇格拉底為主角的對話裏面，對他的描寫也是有一些變化的。有些對話突出了蘇格拉底的生平，如著名的《會飲篇》和以蘇格拉底審判及其死刑為主題的對話(如《遊敘弗倫篇》《申辯篇》《克力同篇》和《斐多篇》)，以及(在一個較次要的程度)《卡爾米德篇》。有些對話著作，包括剛才提到的那些著作，生動地描述了蘇格拉底的個性，表現了蘇格拉底與其他人，特別是與智者及其朋友之間的談鋒。除了上面提到的著作外，屬這個主題範圍內的著作還有《普羅泰戈拉篇》《高爾吉亞篇》《歐諦德謨篇》《美諾篇》《理想國》《大比希阿篇》《小比希阿篇》《伊安篇》《拉凱篇》和《呂西斯篇》。在另外一些對話中，蘇格拉底依舊是主角，引導着對話的展開，但卻沒什麼個性，僅代表

着一個哲學權威的形象，雖然影響着對話的發展，但其作用並非不可由他人替代，比如來自埃利亞的客人（或許就是柏拉圖）。我認為（雖然這是個仁者見仁，智者見智的問題），在《理想國》（除第一卷之外）、《斐德羅篇》《克拉底魯篇》《泰阿泰德篇》和《斐萊布篇》裏面，蘇格拉底扮演的就是這樣的角色。我們該怎樣去解釋柏拉圖筆下蘇格拉底的多變性？這種多變性對於柏拉圖筆下的蘇格拉底和歷史上的蘇格拉底之間的關係有什麼意義呢？

19世紀的一些學者通過研究柏拉圖對話著作的文體特徵，將六部對話著作單獨劃歸為一組：這些著作是《智者篇》《政治家篇》《斐萊布篇》《蒂邁歐篇》《克里底亞篇》和《法律篇》，它們都屬柏拉圖的晚期著作，因為它們在文體特徵方面與經古代學者考證、被證明是柏拉圖臨終前仍未寫完的《法律篇》有許多相似之處。19世紀的研究還進一步確定了另一組對話著作：即《巴門尼德篇》《斐德羅篇》《理想國》和《泰阿泰德篇》。這些著作在風格上與其他對話著作相比更接近柏拉圖晚期的著作，以此可以假定它們屬柏拉圖中期的一組著作，寫作時間晚於其早期著作，但早於其晚期著作。隨後的韻文類型研究雖然進一步證實了這三組劃分的正確性，但最後沒有能夠確定每一組內各篇對話的寫作順序。不管怎樣，本書認可這些研究成果。

我們需要關注的是柏拉圖晚期著作的一個顯著特徵，那就是蘇格拉底在這些對話中消失了。蘇格拉底在《法律篇》中沒有出現，在除了《斐萊布篇》以外的其他所有對話中也沒有出現。蘇格拉底在《斐萊布篇》中的作用與其在中期對話中的作用很相似，但這不包括《巴門尼德篇》。在《巴門尼德篇》中，蘇格拉底起到的作用就是與巴門尼德進行對話。儘管在《斐萊布篇》《斐德羅篇》《理想國》和《泰阿泰德篇》中，蘇格拉底還是扮演引導者的角色，但他只是一種哲學理論的代言人，一個論辯技巧的講解者，而不是與其他人進行爭論的一個人。當然這些差別不僅是判斷的問題，同時也是程度的問題。我們並不是說蘇格拉底在中期的對話著作中就沒有他個人的特點，或者否認中期對話中的蘇格拉底與早期對話中的蘇格拉底之間的聯繫。比如，在《斐德羅篇》中，蘇格拉底就赤腳行走（229a），聽到了神的聲音，警告他不要過早地打斷討論（242b-c）。而且，即使在早期的對話著作中，蘇格拉底也充當着哲學家代言人的角色。顯然在柏拉圖的寫作生涯中，他對蘇格拉底作為哲學理想化身的關注在變化。他最開始把蘇格拉底的個性看得極其重要，後來逐漸降低了其個性的重要性，以至於使蘇格拉底不以個人形象出現，轉而成為柏拉圖哲學的代言人，在《法律篇》中甚至公開用完全沒有個性特徵的人物，比如用埃利亞來客和雅典人來代替蘇

格拉底。下面我們主要關注的是，柏拉圖在其早期對話著作中對蘇格拉底的描述。

這裏必須再次強調，柏拉圖的描述屬「蘇格拉底對話」體裁的作品，我們前面警告過，不要輕信色諾芬以及其他描寫蘇格拉底作者的對話作品的歷史真實性。這種警告也同樣適用於柏拉圖對蘇格拉底的描述。與色諾芬不同，柏拉圖從來沒有聲稱，他經歷過他所描述的任何一次對話。但他申明，在蘇格拉底受審的時候，他是在場的[7]，我認為他的這個說法是可信的，但這並不能證明他寫的《申辯篇》就是對蘇格拉底申辯詞的實錄。在一個十分重要的事例中，他明確說過他當時不在場；在《斐多篇》一開始，斐多就告訴了埃切克拉底(Echecrates)蘇格拉底臨終那天在場者的名字，他說到「我想柏拉圖那天是生病了」(59b)。這段記述使柏拉圖和此事保持了一定的距離；目擊者不是作者本人而是他作品中的一個人物斐多，因此目擊者的說法只能看成是戲劇場景中的一部分。例如，根據《斐多篇》的敘述，蘇格拉底從他的理念論和回憶說中得出了靈魂不滅的主張，這顯然是柏拉圖的戲劇虛構。我傾向於認為，柏拉圖說蘇格拉底臨終時他不在場，就如同色諾芬說他在場一樣，都是一種慣用的文學技巧，其實，柏拉圖多半在場。

有些對話(如《卡爾德米篇》和《普羅泰戈拉

7　見《申辯篇》34a, 38b。

篇》)發生在柏拉圖出生以前,其他一些對話(如《遊敘弗倫篇》《克力同篇》和《會飲篇》)從故事背景來看,柏拉圖並未出場。通常情況下,柏拉圖不會說他的著作是蘇格拉底對話的實錄,即使他在個別情況下這麼說了,如《會飲篇》中(172a–174a),那也只是一種精心設計的虛構,其中的敘述者解釋了他如何能夠描寫出一個他本人並不在場的對話過程。對話的主旨不在歷史的真實性,而在替蘇格拉底辯護,並闡明其哲學觀點,例如,描寫蘇格拉底與智者對話的主要目的就是為了凸顯蘇格拉底真正哲學化的生活與智者們以哲學為幌子行騙之間的巨大差別,這樣就能夠證明宣稱他勾結智者純屬污蔑,對他處以死刑實在不公。明白了這個目的,那蘇格拉底是否真的見過普羅泰戈拉或色拉西馬科斯(Thrasymachus),或者說他們真的見過面,他們之間的對話是否就像《普羅泰戈拉篇》和《理想國》中描述的那樣,都無關緊要了。同色諾芬一樣,柏拉圖也許採用了一些真實的回憶。至於這些真實的回憶用在了什麼地方,我們並不清楚,也不認為這有多重要。

按照韻文類型研究的判斷標準,我們上面提到的這組對話著作應該早於柏拉圖的那些「中期對話著作」:如《巴門尼德篇》《斐德羅篇》《理想國》和《泰阿泰德篇》。如果還要對早期著作進行細分,我們就必須求助於非韻文類型的研究。這裏亞里士多德

的證據非常關鍵。如果我們接受亞里士多德說的蘇格拉底沒有將理念分離開來的這一觀點，我們就能確定，那些按文體劃分屬早期對話中的蘇格拉底並不是歷史上的蘇格拉底。因為蘇格拉底在這些對話中，比如《斐多篇》《會飲篇》和《克拉底魯篇》，都堅持一種理念分離存在的理論。現在學者們對柏拉圖哲學發展進程的某些具有一定合理性的猜測也支持了這一結論。我們有理由說，當柏拉圖讓蘇格拉底提出理念論，他就是在逐漸把蘇格拉底變成一個替他本人發言的哲學權威，而不再是他早期對話中蘇格拉底的形象。這些對話中的其他一些特徵也能證實這一點。

《會飲篇》有許多地方在突出蘇格拉底的個人特點。一開始描寫他為了參加晚宴而穿得衣冠楚楚（174a），但因為停下來在路上思考一個問題而姍姍來遲[8]，最後在阿爾西比亞德斯的稱頌中，對話達到了高潮。這種寫法和蘇格拉底的「阿爾西比亞德斯對話」的傳統完全符合。蘇格拉底在對話中還有另一個角色，那就是代表一個名叫狄歐蒂瑪（Diotima）的聰明女子發言。他說是狄歐蒂瑪論述了愛在教育中的作用，最後甚至還說是狄歐蒂瑪洞見了美的理念（201d–212c）。所以嚴格地講，蘇格拉底並沒有提出自己的理論，而是作為他人理論的代言人。我認為，柏拉圖採用的這種手法標誌着歷史上的蘇格拉底和一種傳統寫作體裁中的蘇

8　見《會飲篇》174d–175b, 220c–d。

格拉底(它們之間也難有明確的區分)轉向了我們所説的柏拉圖筆下的蘇格拉底。作為狄歐蒂瑪代言人的蘇格拉底還處於轉型的時期，這裏的蘇格拉底還不同於《斐多篇》和《理想國》中把理念論據融為己有的蘇格拉底。我們看到，《斐多篇》裏對蘇格拉底之死的描寫並不是實際發生的情形，柏拉圖暗示，他的敘述並不是蘇格拉底發言的實錄。另一個轉向的標誌是在談及有關死後靈魂命運的神話時，蘇格拉底以他自己的死談到了「死後的情形」（107d）。《克拉底魯篇》的主題，特別是它對語言意義和赫拉克利特變化理論的關注，顯然與《泰阿泰德篇》和《智者篇》有着聯繫，可以勉強地把這種聯繫看作是一種變化的前奏。

除了理念論之外，還有兩個學説應該是柏拉圖提出的。一個是靈魂三分説。這個學説出現的時間不會早於中期著作《理想國》和《斐德羅篇》。另一個是回憶説，這個學説應該受到過畢達哥拉斯學説的影響，因為柏拉圖公元前387年第一次出訪西西里時，接觸過畢達哥拉斯的學説。回憶説與理念論的聯繫十分緊密，這在《斐多篇》和《斐德羅篇》裏顯而易見，在《美諾篇》也有所暗示。回憶説也與輪迴論緊密相關。輪迴論出現在《斐多篇》和《理想國》的結尾處，是有關死後神話的中心話題，這個理論在《高爾吉亞篇》裏談得不多，但在《斐德羅篇》中有許多描述，另外在《美諾篇》和《斐多篇》的一些辯論中這

個理論也不時出現。在我看來，堅信這些學說的蘇格拉底不過是逐漸在成為柏拉圖理論的傳聲筒。

於是我們看到，在這組文體風格相似的早期對話中，蘇格拉底並沒有堅持任何筆者認為是屬柏拉圖的學說：如理念論、靈魂三分說、回憶說以及輪迴論。除了大概是偽造的兩部《阿爾西比亞德斯篇》，還有基本上不是蘇格拉底對話而是對蘇格拉底葬禮演講滑稽模仿的《梅內克塞諾篇》之外，屬這組對話著作的大體上有：《申辯篇》《遊敘弗倫篇》《克力同篇》《卡爾米德篇》《拉凱篇》《呂西斯篇》《伊安篇》《歐諦德謨篇》《普羅泰戈拉篇》《大希比阿篇》(其真實性還有爭議)和《小希比阿篇》。除此之外，還可以加上《高爾吉亞篇》和《美諾篇》，它們大概屬過渡性的著作，它們在柏拉圖早期和中期的對話之間起了承上啟下的過渡作用。這裏並不是說，在這些對話著作中的蘇格拉底就是歷史上的蘇格拉底。同其他蘇格拉底對話的寫作者一樣，柏拉圖從一開始就不關心歷史的真實問題，他真正關心的是蘇格拉底的申辯和作為哲學典範的蘇格拉底論辯。但是這些對話所描寫的蘇格拉底的形象，在精神上和理論上(在一定程度上，儘管並非全面)卻是一致的。這些對話中的蘇格拉底更加接近歷史上真實的蘇格拉底：首先這裏呈現的辯論比《泰阿泰德篇》中表現的純技術的論辯大概更加接近實際的蘇格拉底對話，其次蘇格拉底在這些對

話中還沒有完全變成柏拉圖學說的代言人。

就柏拉圖描寫的蘇格拉底而言，在「歷史上的蘇格拉底」和「柏拉圖筆下的蘇格拉底」之間並不存在什麼清晰的界限。「柏拉圖筆下的蘇格拉底」僅僅是柏拉圖在自己的著作中所描寫的蘇格拉底。正如我前面所指出的，柏拉圖對蘇格拉底的描寫經歷了一個清晰可辨的發展過程。他開始把蘇格拉底描寫成一個非常個性化的、投身於典型的哲學活動中的人，後來這個名字叫「蘇格拉底」的人就成了一個傳達他主張的傀儡式人物。在這個發展的最初階段，即使柏拉圖的描寫十分接近歷史的真實，但他也決不是簡單的複製，從這個階段過渡到更加「柏拉圖」的階段是一個漸進的過程，而不是一種突然的轉向。

下一章我們要考察柏拉圖早年筆下的蘇格拉底。這個考察有兩個預先的假定需要說明。第一，對別人的觀點進行反駁質問是蘇格拉底探求知識的主要方法。這種方法的目標不僅僅是為了揭示對話人思想的前後矛盾，有時至少也是為蘇格拉底提出的某些論點尋求論據的支持。第二，蘇格拉底的諸多對話不能孤立地理解。有些現代學者復興了格羅特（Grote）在19世紀提出的觀點，他們認為從學說的一致性或者追求共同主題方面來看，柏拉圖的對話著作與索福克勒斯[9]那

9　索福克勒斯（Sophocles, 約公元前496–前406），古希臘三大悲劇作家之一，據說寫下了123部作品，現存《俄底浦斯王》《安提戈涅》和《埃阿斯》等7部。——譯注

樣的劇作家的作品相比，並沒有顯示出更多的優勢。我認為恰恰相反，柏拉圖始終把蘇格拉底描寫成一個追求真理和理解的哲學家，因此他的那些描寫蘇格拉底整個哲學活動的對話著作是連貫一致的。當然，我們並不否認柏拉圖描寫的蘇格拉底在不斷地改變着自己的思想，也不否認柏拉圖筆下蘇格拉底的改變也正好反映了他自己哲學觀點的轉變(下一章要討論其中的一些轉變)。總之，我認為，一方面在柏拉圖筆下，蘇格拉底哲學充滿了變化和發展，但另一方面，柏拉圖還是成功地塑造了一個尋求前後一致立場的蘇格拉底形象。

第四章
柏拉圖筆下的蘇格拉底

正如上一章結尾所指出的那樣，我們將考察在12篇對話以及《申辯篇》中，柏拉圖是如何表現蘇格拉底的學說及其論辯方法的。這些對話幾乎都具備了以下的特徵：

1. **對蘇格拉底性格的塑造**。蘇格拉底主要被塑造成是一個好問者而不是一個老師。他不承認自己有智慧。他通過反詰法，也就是認真審查對方觀念的方法，向對話者尋求難題的解答，但最後往往都徒勞無功。在有些對話中，尤其是在《普羅泰戈拉篇》和《高爾吉亞篇》中，質疑的姿態往往會變成一種權威的語氣。

2. **下定義**。許多對話都試圖為德性或是其他重要的倫理概念下定義。《遊敘弗倫篇》中問道「什麼是虔誠？」《卡爾米德篇》中問道「什麼是節制？」《拉凱篇》中問道「什麼是勇敢？」《大希比阿篇》中問道「什麼是好，或什麼是美？」《美諾篇》和《普羅泰戈拉篇》中或明或暗地都問到一個普遍的問題「什麼是德性？」在所有的這些對話中，關於定義的討論總是沒有結果，蘇格拉底和他的對話者們不得

不承認，他們最終還是沒有找到主要問題的答案。但在有些情況下，原文的字裏行間似乎暗示了正確答案。

3. **倫理學**。所有這些對話都涉及廣義的倫理學問題，即人應該怎樣生活的問題。除了那些專門探討定義的對話外，《克力同篇》討論的是一個現實的倫理問題：蘇格拉底在被判刑之後該不該越獄；《高爾吉亞篇》和《歐諦德謨篇》討論了人生目的。從表面上看，《伊安篇》是唯一的例外，因為這部作品考察了一個職業誦詩者聲稱他擁有智慧的斷言。但即便如此，《伊安篇》裏的討論與其他對話中普遍的倫理追求仍有着密切的聯繫，因為揭穿了伊安擁有智慧的謊言就意味着，詩人和誦詩者其實都不受智慧的引導，而是受制於非理性的靈感，因此詩歌並不像希臘傳統所強調的那樣，對教育有巨大的促進作用。這部簡短的對話著作可以看作是柏拉圖早期討論教育目的和教育者必備條件的文章，這個話題在柏拉圖的著作中佔有很重的分量。

4. **智者派**。在有些對話中，如兩篇「希比阿」的對話，還有《普羅泰戈拉篇》《高爾吉亞篇》《歐諦德謨篇》和《美諾篇》裏的對話，其主題就是以描繪蘇格拉底和許多智者以及學生朋友之間的交鋒而展開的。這些對話深化了在《申辯篇》中闡明的為蘇格拉底辯護的主題。

下面我們將對這些話題進行詳細的考察。

蘇格拉底否認有智慧

　　蘇格拉底說他自己一無所知，唯一知道的就是自己的無知。這成了古時的一句名言。這樣一個自相矛盾的表述，顯然是對柏拉圖的誤讀。雖然蘇格拉底經常說他不知道怎麼回答辯論所涉及的問題，但是他從來沒有說過他什麼都不知道。事實上，他有幾次強調過，他有一定的知識，這在《申辯篇》裏最為明顯。在這篇對話中他有兩次聲明，他知道放棄自己神聖的使命是錯誤和可恥的行為(29b, 37b)。他所要否認的是他擁有智慧[1]，繼而否認他在教導民眾。顯然他明白，教育就是授人以智慧和學識(19d–20c)。考慮到他在《申辯篇》裏宣稱，只有神才擁有真正的智慧，人的智慧與這種真正的智慧相比(23a–b)根本不值一提，那麼他否認有智慧可以理解為是對人的局限性的承認。擁有一種能夠洞察萬物的智慧，那是神所獨有的特權。無論是蘇格拉底還是其他任何人都不能奢望有這種智慧，蘇格拉底否認自己有這種智慧，其實是在堅決抵制人類普遍存在的那種褻瀆神靈的傲慢。

　　儘管對人類智慧的貶低確實是《申辯篇》中的一個基調，但蘇格拉底之所以否認自己擁有智慧，否認他在教導民眾，不是為了讓自己與神的智慧一較高下，而是為了凸顯他與典型的人類智慧的差別。這種

1　見《申辯篇》21b。

典型的人類智慧是通過泥瓦匠、鞋匠等手藝人體現出來的。他認為（22d-e），就他們都是各行各業的專家能手這一事實來說，手藝人確實擁有智慧，但他們若以為其專門技藝可以運用到手藝之外的事情，那便是大錯特錯。這種專門技藝是一整套條理化的知識，是通過系統的學習和相互的討教獲得的，擁有這種知識的專家能夠解決其手藝所涉及的實際問題，並且能夠說清楚他們提出的解決辦法的理由。智者派聲稱他們掌握了「政治技藝」[2]，這種技藝可以運用到社會和個人生活的各個方面，幫助人們獲得成功，並且可以傳授給別人。雖然蘇格拉底否定了智者的這種斷言，但並不是因為人類無法掌握這種知識，而是因為智者實踐的這種技藝還不滿足對真正的專門技藝的要求，比如，他們的技藝沒有經過系統的學習和傳授。[3]蘇格拉底否認自己具備這種專門技藝[4]，但並沒有說他或者其他任何人就不能掌握這種技藝。

我們沒有理由假設說蘇格拉底否認有知識就是所謂的一種「蘇格拉底諷刺」的表現，即為了論辯的目的而假裝自己一無所知。確實，蘇格拉底經常在對話中稱讚他的對話者比他更有智慧[5]，但讀者無論如何

2　見《普羅泰戈拉篇》319a和《申辯篇》19d-20c。

3　見《普羅泰戈拉篇》319d-320b和《美諾篇》89c-94e。

4　見《申辯篇》20c。

5　見《遊敘弗倫篇》5a-b，他說他應該向遊敘弗倫學習怎樣反駁麥勒圖斯對他的指控。

都不應被蘇格拉底欺騙。實際上蘇格拉底說的都是反話，他的這些稱讚都是為了突出對話者所說知識的可疑性，或是質疑對話者的權威性。然而，從《申辯篇》的上下文來看，蘇格拉底不可能是為了辯論需要才說自己一無所知的。蘇格拉底並沒有假裝遵從一個表面上博學多聞、但實際上徒有虛名的知識權威。他是非常真誠地用自己的知識狀態與一種相應的知識範式進行比較，以發現這種範式的欠缺。

如果說蘇格拉底否認有知識事實上就是否認有智慧或者懂專門技藝，那麼我們就能看到這種否認與蘇格拉底對知識的獨特主張是一致的。普通人能夠理解一些特定的東西，但不是按照專家的那種認知方式來理解，尤其是普通人不能像專家那樣，把一些個別知識納入到一個全面的知識網絡之中，通過這個網絡將個別的知識與其他知識或者與一個知識結構整體聯繫起來，從而提出他們對這些知識的解釋。但是普通人又是如何知道一些零散的知識的呢？這通常是直接或間接由專家傳授的。然而，在道德問題上蘇格拉底不承認有任何專家，至少不承認人類在此問題上有任何專家。那麼，他無論付出什麼代價也不能夠放棄自己哲學使命的想法又是從何而來？一個可能的答案就是他聽到了神的聲音，因為神才是道德問題的專家。拋開蘇格拉底是如何知道神是道德專家(《遊敘弗倫篇》提到這個問題)這個問題不談，事實上在《申辯篇》和

其他對話著作中都沒有提到或是暗示過，是神讓蘇格拉底堅持他的哲學使命。

只要我們聯想到蘇格拉底並沒有聲稱他擁有道德方面的知識而只是表示了他的看法，問題或許就可以得到解決。但是在柏拉圖筆下，蘇格拉底說過，他擁有道德方面的知識，我們為什麼要斷定柏拉圖並不能代表蘇格拉底的真實想法呢？正如我們已經看到的，蘇格拉底的確承認有一種他自己無法達到的理想的知識範式，但他說過自己懂得某些特殊的知識。這相當於是說，只有滿足這種範式才能稱作知識，而蘇格拉底自己的知識狀態不能滿足這種範式的要術，因此只能稱作意見。只要把專家的知識稱作完整的知識，把普通人的知識稱作零散的知識，我們就可以區分滿足範式要求的知識和不滿足範式要求的知識，這樣也就用不着否認後者也可以冠以知識的頭銜(如果我們願意，我們也可以把專家的知識稱為「嚴格意義上」的知識，把普通人的知識稱為「日常用途」或「寬泛的、大眾意義上」的知識。儘管柏拉圖沒有用這種說法，但這種區分還是存在的)。然而我們還有一個問題，既然蘇格拉底承認他不是一個道德專家，他又是如何知道他所宣稱的那些個別的道德真理呢？

說來或許會讓人失望，直接的答案就是蘇格拉底沒有說過他是如何知道那些道德真理的。考察他的辯論活動，或許能幫我們找到一些線索。他經常與人辯

論似乎就是為了揭穿辯論者的知識不過是些前後矛盾的信念而已，從而動搖他們的知識信念，就像他在《申辯篇》裏面所描述的那樣。但有時他至少也清楚地意識到，如果對話者堅持自己信以為真的信念，對於那些信念的認真審查就不僅要揭示出它們的前後矛盾，而且還要顯示出有些信念的虛妄性。一個特別明顯的例子就是波盧斯(Polus)和卡里克勒斯(Callicles)在《高爾吉亞篇》裏斷言，寧可冤枉他人也不能受他人冤枉。蘇格拉底聲稱(479e)，他批駁了上述説法，最後讓波盧斯接受了相反的觀點，即，寧可受人冤枉，也不能冤枉他人。他還在與卡里克勒斯辯論結束時説(508e–509a)，他的結論是由「嚴實牢固的論據」(即不可抗拒的力量)得出來的。然而，論斷固然堅決，但同時他仍認為自己並未擁有知識：「我的立場始終未變，那就是我不知道這些事物是如何產生和變化的，而我至今遇到的任何一個人，包括現在遇到的這些人，也都不知道，如果他們説知道，那就會讓他們顯得很可笑」。

這裏我們看到了一種對比，一邊是蘇格拉底否認的專家的知識，另一邊是蘇格拉底讚許的由反詰法產生的一種知識態度。不斷的驗證表明，有些命題不能否認，否認了就會使自己自相矛盾。然而，從理論上來説，持守這些命題只是暫時的，因為總是存在着這樣的可能性，即某個人可以提出一個嶄新的論據來反

駁那個「嚴實牢固的論據」，正如蘇格拉底自己所承認的那樣（509a2-4）。但在現實中，蘇格拉底完全確信這些論據是建立在顛撲不破的原則基礎之上，非常牢固，不可能被任何人駁倒。蘇格拉底以普通人身份認識的真理就是他通過反詰法獲得的真理嗎？這是一個有趣的想法，只是我們沒有在文本中找到明確的證據。據說在《克力同篇》（49a）中，蘇格拉底和克力同都贊同人決不能行不義之事這一觀點，這種共識使他們不得不一起思考蘇格拉底越獄的正當性。顯然，這裏明確地暗示了他們的共識是基於一些充分的理由，否則蘇格拉底和克力同為何不改變他們的想法？但是沒有證據說這些理由是通過對蘇格拉底和克力同意見的反詰得來的。

我們的結論是，儘管蘇格拉底有時把詰問對話者的信念當作揭示真理的方法，儘管這種方法為獲得知識提供了一個可能的模式，但我們也不能證明蘇格拉底宣稱過，所有普通人的道德知識都是由反詰法取得的。他有過一些暗示，說他的道德真理是建立在充分論證之上，但他並沒有闡明獲得這些普通人的道德知識的先決條件是什麼。

《高爾吉亞篇》裏的對話提供了最為明顯的例證，其中反詰法被看作是發現真理的主要方法。在這篇對話中，我們發現，蘇格拉底不再充作一個普通的發問者，而是聲稱自己擁有專門的知識。這篇對話的

主題之一就是討論修辭學[6]在教育中的作用，也就是在提升道德生活中的作用。蘇格拉底為各類真正關乎人的靈魂良善、身體健康的技藝和與此相對應的各類有名無實的技藝分門別類（463a–465a）。真正關乎靈魂良善的技藝通稱為「政治學」，也就是指生活的技藝。按規定，政治學還可以再細分為以促進靈魂健康為宗旨的「立法」（好比促進身體健康的體操技藝）和以維護靈魂向善為目的的「司法」（好比保護身體健康的醫學）。與政治學對應的一種有名無實的技藝就是修辭學，因為演說家的目的不是使人們向善，而是通過說服的手段來迎合人們的願望，幫助他們獲取想要得到的東西。所以說，修辭學提升的不是真正向善的生活，而只是給人一種向善的假像，就像美容術這種技藝不是使人們真正地健康，而只是讓人們看起來健康而已（465c）。因此，政治學才是一門真正的生活技藝。與他在《申辯篇》中的立場剛好相反，蘇格拉底在《高爾吉亞篇》中不僅宣稱他在實踐這種技藝，而且斷言，除了他沒有別人在做這件事情，因為只有他才關心他同胞的福祉。

蘇格拉底這種作為政治學唯一真正實踐者的思想在《美諾篇》的結尾（99e–100a）處有一個生動的再現。他在辯論結束時總結說，德性不是教育出來的，「除非存在着一個能夠向別人傳授政治技藝的政治

6　rhetoric，也可稱為修辭術或雄辯術。──譯註

家」（即除非有某個人能夠將自己專門的生活技藝傳授給另外一個人，然而普通的政治家是做不到這一點的），否則德性就只能是一種神賜的天賦。他接着說，這樣一個人很像荷馬所描述的在地府中的提瑞西阿斯（Tiresias）[7]：「他是地府中唯一能夠現形的，其他人只是像幽靈一樣地遊蕩」。這裏提到《奧德賽》第十一卷所描述的奧德修斯（Odysseus）的地府之行，使我們想起了《普羅泰戈拉篇》中蘇格拉底與智者會面的情景。蘇格拉底向智者引用了奧德修斯的話(315b–c)，他把自己看作是一個有生命的人，而把智者看作是一些幽靈（即鬼魂）。於是，「與那些幽靈相比」[8]，他就是一個真正懂得生活技藝的專家，真正懂得德性的本質[9]，而且他有一種全新的方法向世人傳授德性的本質。[10] 這個方法就是他的回憶法。他認為永恆的真理都植根於靈魂之中，但在靈魂轉世的過程中這些真理往往被人們遺忘，只有通過批判性的反思才能夠被重新記憶起來。

這樣一個帶有權威特徵的蘇格拉底形象是早期「蘇格拉底式的」對話向中期柏拉圖式對話過渡階段的一個特點。這也是我們前面提到的，蘇格拉底逐漸變為柏拉圖代言人的一個例證。

7　見《奧德賽》。

8　見《美諾篇》100a。

9　見《美諾篇》和《普羅泰戈拉篇》。

10　見《美諾篇》。

定義

　　蘇格拉底對於下定義的興趣源於他對專門知識的探求。專家都瞭解他們各自的研究主題。在蘇格拉底看來，關於任何一個研究主題的基本知識就是關於這個主題究竟是什麼的知識。關於專門知識，在《大希比阿篇》(286c–d)裏有明確的論述。蘇格拉底告訴希比阿，當他稱讚某些行為是高尚的，譴責另一些行為是可恥的時候，有人向他發難道：「你是怎樣知道一些行為是高尚的而另一些行為是可恥的呢？告訴我，你所說的高尚是什麼意思呢？」因為不能回答這個問題，蘇格拉底就向希比阿請教，因為他博學多聞，關於什麼是「高尚」的知識只不過是他廣泛知識中「很小、很不重要的一部分」。如果希比阿不能回答這個問題，那他擁有的知識既沒有價值，也不夠專業(286e)。

　　柏拉圖的很多對話作品都強調了「某某是什麼？」這一問題的重要性。通常的辯論方式是以一個主題作為討論的出發點，然後就這個主題提出一些具體問題，例如，就德性這個主題而言，一個人該如何去努力獲得德性？如果連一個大家都認可的德性概念都沒有，就很難討論如何獲得德性。因此，儘管從心理上講，是具體問題優先，但從認識論講，是「X是什麼？」這樣一個抽象問題優先，因為你不先知道

「X是什麼」，就沒辦法回答關於「X」的具體問題，這個順序不能顛倒過來。柏拉圖的對話討論了很多類似的、有爭議性的問題。《拉凱篇》（189d–190d）裏討論了如何灌輸勇敢這樣一種具體的德性；《美諾篇》（70a–71b）和《普羅泰戈拉篇》（329a–d，360e–361a）討論了德性的普遍原則問題；《理想國》第一卷（354b–c）討論了正義是否對正義者有利的問題；《遊敘弗倫篇》（4b–5d）討論了一個更為具體的問題，即遊敘弗倫檢舉他父親殺人的行為是否算得上是虔誠和神聖。同樣，在《卡爾米德篇》（158c–59a）裏，就卡爾米德是否有自制力這個問題引起了爭議，要弄清楚這個問題，我們就要先弄清楚什麼是自制力。

如上面最後兩個例證所示，如果不先回答「E這一性質是什麼？」的問題，我們就不能確定「某物或某人是否具有E這一性質？」，這就導致了人們指責蘇格拉底犯有所謂的「蘇格拉底謬誤推理」的毛病，即他主張，除非你知道一種性質的定義，否則你就不可能知道某物是否具有這一性質。堅持這個觀點對於蘇格拉底來說很困難，這不僅因為它容易遇到無數的反例（如即使我們不知道貨幣的定義，我們也能夠知道一張五鎊的紙幣就是貨幣的一種），而且還因為蘇格拉底所推崇的定義方法就是要先從屬同一類或擁有同一種性質的具體事物說起。[11] 顯然，如果不在下定義之

11　見《美諾篇》72a–c。

前先說清楚屬同一類的或是擁有同一種性質的具體事物是哪些，那蘇格拉底推崇的這種方法就行不通。這樣說來，我們也不能通過舉反例來反駁一個定義。因為，既然事先對某性質沒有一個明確的定義，我們就不能判斷某物是否具有這一性質，同樣，如果事先對某性質沒有一個明確的定義，我們也就說不清楚某物是不是就一定沒有這種性質。但是，因為提出反例是蘇格拉底反詰法中慣用的一種方式，所以謬誤推理破壞了蘇格拉底的辯論方法。

事實上，蘇格拉底並沒有顛覆自己的方法論。蘇格拉底在《遊敘弗倫篇》和《卡爾米德篇》裏討論得最多的就是，如果不事先回答「E這種性質是什麼？」，就不能確定「某物是不是有E這種性質？」。蘇格拉底並不認為這類問題都有爭議。他主張尋求事物的一種性質，這種性質可以在所有毫無爭議地都有E這一性質的事物中找到，而在所有毫無爭議地沒有這一性質的事物中找不到，然後看是否能將這種性質應用到對是否有E這一性質仍存有爭議的事物中，以此來確定它們是否有E這種性質。(事實上，這種辯論方式不可能最終消除爭議，因為最初關於性質的爭議現在變成了另外一種爭議，即將性質的外延從無爭議的事物擴大到有爭議的事物是不是恰當的問題。然而這又是另外一個問題)。但在《大希比阿篇》中，蘇格拉底的強硬挑戰者斷言，在搞清「高尚」的

定義之前不可能回答某一件具體的事情是不是高尚這個問題。當蘇格拉底和希比阿都無法解釋什麼是高尚的時候，蘇格拉底想像自己再次面對這個強硬挑戰者的追問，「如果你不知道什麼是高尚，你又怎麼知道有些言辭或者行為就是高尚的呢？ 如果你就處於這種狀態之中，你認為，你活着真的比你死了要好嗎？」(304d–e)。我們不能草率地說這是某個其他人的觀點而不是蘇格拉底自己的觀點，因為蘇格拉底表明，那個強硬的挑戰者在很大程度上其實就是他的「第二自我」：「他恰好同我有比較密切的關係，而且就跟我住在同一間房子裏面」(304d)。然而，蘇格拉底並不是簡單地贊同挑戰者的觀點，因為他最後總結說(304e)，他知道那句格言「高尚的事情很難言說」說得不錯，但就挑戰者來說，他並不瞭解這一點。所以挑戰者的觀點與蘇格拉底的觀點並不是完全相同，但卻密切相關(確實是這樣因而很容易混淆)，而且確實還構成一種挑戰，如果接受，甚至有可能推翻蘇格拉底整個的一套辯論方法。因此，這個挑戰為我們把上述那個挑戰者的觀點與蘇格拉底實際上比較謙和的觀點區分開來了，即承認如果不能給一個性質下一個明確的定義，確實無法說清有些事物是否有這種性質，但並不是所有事物都是如此。但作為一個領域裏的專家就是要能夠言之有據，對於有無爭議的事物都能夠說清楚它是否有所討論的那種性質或屬那種類別，在

蘇格拉底看來，要說清楚這個問題，專家還要能夠說清楚這種性質或類別究竟是什麼。

在《拉凱篇》《美諾篇》《普羅泰戈拉篇》和《理想國》第一卷中討論的例子展示了另一種討論的模式；這裏引發探尋某性質定義的問題不再是一個給定的、有爭議的事物是否具有這一性質的問題，而是說這種性質本身是否還有其他性質的問題，具體說就是正義是否有益於正義者，勇敢和德性(包括所有的德性如勇敢、節制、正義、智慧等)是否可教授。在《美諾篇》(71b)裏，蘇格拉底用了一個類比來說明定義的先後順序，不過他說的也只是些先前我們已知道的內容。比如，如果我根本不知道美諾是誰，我就不可能知道他有什麼特徵，例如，他是富有還是英俊。同樣，如果我完全不知道德性是什麼，我就不可能知道哪些事情是符合德性的，而且也不知道怎樣去擁有德性。

按照一種特定的方式來理解，這種辯論確實沒什麼新意。如果我從來沒有聽說過美諾這個人，我對「美諾長得是不是英俊？」的回答只能是「很抱歉，我不知道你說的是誰」。同樣，如果我不知道善是什麼，我對「善是否可教？」的回答也只能是「很抱歉，我不知道你說的是什麼」。這裏我們看到，一個人能夠清晰地表述一個主題的先決條件是瞭解這個主題，然而這個先決條件並沒有滿足。清晰表述的先決

條件並不要求對主題有一個明確的定義。拿人來說，比如美諾這個人，我用不着說清楚美諾不同於他人的獨特品質到底是什麼。對於這個人，我可以就把他看成是「站在那邊的男人」，或是「我去年在酒吧遇到的一個人」。討論一般的概念也會出現類似的情況，比如，當我們在使用「德性」這個詞的時候，最起碼的要求就是我們必須知道我們在談論的東西是什麼。但是，使用這個詞並不一定以掌握這個詞的普遍意義（即定義）為先決條件。回到我們前面的那個例子，我在使用「貨幣」這個詞的時候，即使我不能夠給出有關貨幣的定義，我也知道我正在談論的是什麼，只要我能夠認識具體的貨幣，這就已經足夠了。從這個意義上說，美諾顯然一開始就知道他談論的是什麼，不然他就不會提出「德性是否可教授？」的問題。由此可見，要清晰表述一個主題就要先確定這個主題是什麼，這道理已經說了千萬遍，但這並沒有證明一定要先有一個明確的定義。既然沒有一個明確的定義我們也可以知道自己在談論的是什麼，那麼蘇格拉底為什麼還要堅持定義的優先性呢？

為了回答這個問題，我們應該注意到，引發對於具體德性和一般德性定義探討的其實是一個實際的問題，即《拉凱篇》《美諾篇》《普羅泰戈拉篇》裏面提出的如何養成那些好品質的問題。這個實際的問題需要一個什麼樣的關於品質的定義呢？顯然，一個人

僅僅知道自己正在談論什麼是不夠的，因為正如我們已經看到的，能提出這個實際問題就說明其實他已經知道談論的是什麼。因此我們還需要能夠闡明所討論品質的詞典含義是什麼。就我已經解釋過的作為分散的「德性」和作為集合的「德性」的希臘原文而言，其比較準確的含義說明可能包括：

1. 人的一種品質，一系列使人獲得美滿生活的品質之一。這一系列品質中的任何一種都是獲得美滿生活的必要條件，但只有其總和才是充分條件。

2. 上述各種品質之和。

解決有關德性的實際問題又為什麼一定要人具備一種給出德性的詞典定義的能力呢？這種能力確實推進了問題的探討，明確了要去尋求那些有助於美滿生活的品質，但是它沒有說明那些品質包括什麼，更重要的是它沒有說明怎樣去培養那些品質。人們可能會同意有關德性的定義，但是在解答實際問題時又會產生嚴重的意見分歧，例如有些人認為帶來美滿生活的那些品質完全是自然的饋贈，就如同人的智力和貴族血統一樣，另一些人則認為他們能夠通過實踐來養成良好的品質。由此我們可以看出，解決關於德性的實際問題就需要有一種不同的定義；它要求對品質的含義作出實質性的說明。這種實質性的說明包括把品質的集合體分解為品質的組成部分(如德性是由正義和節制等品質組成)，包括進一步解釋那些品質的含義(如

節制就是用理性來控制所有的欲望）。這就是說它提供了一種德性理論，通過它來解釋德性的構成和目標，進而指出養成德性的恰當方法。

尋求這種實質性的定義也是對專家的要求。德性方面的專家應該能夠解釋清楚什麼是德性，其目的就是為了有效地指導人們如何養成和保持德性，正如健康專家應該能夠解釋清楚什麼是健康，其目的就是為了有效地指導人們如何獲得和保持健康。上面提到的對話文本也多少證實了蘇格拉底尋求的正是這種實質性的定義，但是要說這些對話已經清晰地把實質性定義與上面討論的那些品質的詞典定義區分開來，這個結論又過於簡單化。

在這些對話中，蘇格拉底有時明確、有時暗示地將知識或某種認知狀態與德性等同起來，這說明他尋求的是實質性的而不是純概念性或「分析性的」定義。在《美諾篇》裏，對此有着最為詳盡的討論（上面講過，這個對話是處於從「蘇格拉底的」對話轉向「柏拉圖的」對話的過渡性作品）。75到76段的對話中，蘇格拉底試圖向美諾解釋，他要尋求的不是一連串像勇敢、自制這樣的具體德性，而是對那些具體德性共有的東西進行說明，他列舉了兩個具體的事例來說明這種共性，一個是形狀，另一個是顏色。他對形狀作出了概念上的解釋，即形狀是一種固體的限度；對顏色進行了「科學的」描述（以公元前五世紀哲學

家恩培多克勒 [Empedocles] 的理論為基礎），即顏色是從可感覺的物體中流出來的粒子流，它以合適的尺寸和形狀通過眼睛裏的管道而達到人的內在感覺器官。蘇格拉底並沒有明確說這是兩種不同的定義；他說他更喜歡用形狀來說明問題，但他沒有說原因，他只是以「過於精細」來形容顏色，這也許是說顏色不如形狀，因為顏色要涉及到過於複雜的技術性詞匯。儘管這個表明了相比實質性的定義，蘇格拉底更喜歡概念性的解釋，但他還是對德性提出了實質性的描述，即德性是知識。雖然這確是基於德性是有益於有德之人這樣一個概念性的命題，但它並沒有說清楚德性這個概念(在希臘語中，德性與有益是相通的，87e)，它只是確認了知識是人生取得成功的必要或充要條件。這一結論不是單純地依靠詞義的解釋，而是通過引證一個有關如何獲得美滿生活的高度概括性的命題得來的。這一命題指出，既然每一種可欲求的品質，如力量或無畏等，都可能導致災難，那麼只有那種絕對有益的東西才可以指導人們的行為，這種東西就是可等同於知識的智慧(87d–89c)。這個定義使得蘇格拉底似乎放棄了他原先的主張，轉而修正了他的觀點，認為通過考察那些可疑的經驗事實而斷定，德性不是知識，德性只是合理的信念(89c–97c)，而且也沒有什麼德性專家，除非德性是某種知識才可能有德性專家(這是另一個概念性命題)。在蘇格拉底的辯論中，概念性

的命題和有關人性的經驗性主張結合起來形成了一種最實用的德性理論，這種理論能説清楚各種具體德性共有的東西是什麼。

在《美諾篇》裏面，如何養成德性的這個實際問題導致了蘇格拉底把德性當作一種認知狀態，作了一番實質性的描述。這不是一種巧合，另外兩個對話也從討論德性問題開始，一個討論了一般的德性問題（《普羅泰戈拉篇》），另一個討論了具體的德性問題（《拉凱篇》裏的勇敢），兩篇對話顯示了相似的論辯發展模式。在《普羅泰戈拉篇》裏面，蘇格拉底的年輕朋友希波克拉底開始就假設，可以通過普羅泰戈拉的教授來養成德性，但是他拒絕智者把德性看作是一組偶然聯繫在一起的品質的觀點，而贊同《美諾篇》裏所提出的德性即知識的理論。在《拉凱篇》裏，在拒絕了各種不同的意見之後，關於如何培養勇敢這種品質的問題引出了勇敢就是認識什麼是危險和什麼是安全這一定義（194e-195a）。這個定義最終被否定了，因為關於什麼是危險和什麼是安全的知識與關於什麼是壞和什麼是好的知識完全一樣，這樣勇敢也就成了有關什麼是壞和什麼是好的知識。但這種知識正是相當於作為整體的德性，那麼勇敢不是像原來假定的那樣，僅僅是德性的一部分（198a-199e），而是德性的整體。因此對話結束的時候，參與對話的人都承認，他們沒有弄清勇敢究竟是什麼。要不要接受這個毫無

結果的辯論，評論者們意見不一，如果不接受這個結果，引出此結果的假定就應該被放棄。這裏的關鍵在於德性的實際問題不僅引出了一種對於品質問題的實質性描述，而且還引出了《美諾篇》和《普羅泰戈拉篇》所提出的同樣的論述。

我這裏並不是説，在寫作這些對話的時候，柏拉圖已經清楚地認識到純概念性的定義和以知識理論為例證的實質性定義之間的區別。事實上，就是在《美諾篇》這個我認為是成書時間最晚的一篇對話裏面，即使對德性定義進行了最為詳細的討論，柏拉圖也只是列舉了其中的一種典型定義方式而沒有作出任何明確的區分，這就表明他還沒有達到從理論上來區別這兩種定義方式的程度。我覺得，柏拉圖的慣常做法表明，他比較傾向於實質性的定義方式而不是概念式的定義方式，討論的實踐導向也證實了這一點。

有時候對話的過程交代得不是很清楚。在《遊敍弗倫篇》，開始提出的問題是「哪一些事情的品質(特別是指人的行為)是虔誠的？」當遊敍弗倫提出(6e–7a)，神靈贊成的就是虔誠的時候(它非常接近希臘人通常對hosion的解釋)，蘇格拉底從他的説法推出了一個觀點，即他之所以認為神靈贊成的事情就是虔誠的是因為「事情本身就是虔誠的」(10d)。那麼我們就不能説虔誠之所以為虔誠是因為得神之讚許，這樣使得剩下的討論完全在尋求那些本身是虔誠因而得神

讚許的行為。我們也可以說蘇格拉底在這裏探討了虔誠的實質性定義，並且用人性以及人與神的關係的理論來加以回答，但是蘇格拉底在對話中沒有給這個理論提供更多的內容。《卡爾米德篇》裏的討論更不好把握，部分原因在於它所討論的德性，即 *sōphrosunē*（通常譯為「節制」，但有時譯為「心靈的健康」更好一些）是非常模糊的，它既是一種行為的方式，同時又是一種指導人們行為的精神和心態。因此就產生了各種不同的看法，對於它的討論究竟屬概念式的解釋，還是實質性的說明，確實比《拉凱篇》《美諾篇》和《普羅泰戈拉篇》裏的定義更難進行歸類。

倫理學

尋求定義就是尋求專業知識。擁有專業知識的人往往有一套與其專業相關的理論，明白其基本規律，可以解決很多理論和實踐上的問題。在我們前面所討論過的那些對話中，可以看出蘇格拉底是在尋求一種可以應用於人類德性的理論，他在有些對話中試圖尋求一種有關某種具體德性的理論（如《遊敘弗倫篇》裏討論的憐憫、《拉凱篇》裏討論的勇敢、《卡爾米德篇》裏討論的自制力），在另外一些對話中，則試圖探求一種宏觀的德性論。在所有的這些對話裏面，蘇格拉底的這種尋求至少在表面上是不成功的，因為在

每一對話結束的時候，蘇格拉底和他的對話者都會承認他們並沒有解釋清楚德性或某種具體德性究竟是什麼。但可以看出，這些對話也存在一些不同之處。在三個涉及某種具體德性的對話中，有關德性的討論更多的是試探性的，蘇格拉底並沒有打算提出任何肯定的觀點，他似乎很願意接受最後所面對的思想死結。然而，在《美諾篇》和《普羅泰戈拉篇》裏，蘇格拉底明確地提出了德性即知識的論點。從表面上來，討論雖然又走進了死胡同，但這並不意味着蘇格拉底就放棄了上述論點。我認為，在柏拉圖的這些對話裏面，蘇格拉底雖然還沒有提出一種完全成熟的德性理論（建立這種德性理論一直是他思想的目標所在），但他至少提出了這個理論的大體輪廓。於是在這些尋求定義的對話裏面，蘇格拉底的形象已經從一個只會批判的探詢者變成了某種理論的支持者（雖然他不是一個充分意義上的專家）。這樣就引出了一個問題，這種形象的轉變究竟是柏拉圖認為歷史上的蘇格拉底確實有此一變，還是柏拉圖只是想通過蘇格拉底之口來更多地表達他自己的觀點。

蘇格拉底德性理論的基本原理在於，它把德性看成是一種可以確保生活美滿的觀念與要想獲得成功就要知道什麼對自己是最好的這一實質性論點結合了起來。這個理論又是基於一種更加全面的有關人類行為動機的理論。這種理論說明，行為者要為自己謀幸福

的思想(即促進最大幸福，達到生活美滿)能夠推動他朝着實現這個目標的方向努力。這種動機包括了欲望和信念兩方面的因素；蘇格拉底認為[12] 每個人都追求美好的東西。從上下文來看，蘇格拉底的這個主張可以理解為是一種堅定的觀點。這種觀點認為對美好事物的渴望是一種永恆不變的動機，它要求每個人都清楚他所追求的美好是什麼，並集中精力朝着某個方向去努力。因為有了追求的目標，人的欲望就會被鎖定在經由思考確定出的目標上，避免受到與之相衝突的欲望的干擾。因此，正確的行為必須要有正確的目標，而要有正確的目標則要求行為者對什麼是美好的事物要有一個正確的觀念。

按照這種理論，人的行為動機完全是單一和自利的；每個行為者永遠都朝着他或她認為是最美好的事情去努力，失敗往往是因為沒有認識到什麼才是對自己最好的，也就是說失敗是因為認知上的缺陷，而不應歸結為是動機有問題。蘇格拉底在《普羅泰戈拉篇》中詳細地論述了這一點，他認為行為者的全部追求可以用享樂主義來解釋，人就是想過一種最大限度地享受快樂、逃避痛苦的生活。

按照這個假定，做錯事情與追求快樂或者滿足欲望並沒有關係；人之所以會做錯事是因為人在評價什麼是最大的快樂的時候犯了錯。正如蘇格拉底所説

12 見《美諾篇》77c, 78b。

(358d)「按照人的本性，人不會去做眾人都認為不好的事，而會去做眾人都認為好的事」。蘇格拉底本人究竟是接受了享樂主義的主張，還是僅僅為了攻擊普羅泰戈拉，說他沒什麼思想，他所說的不過是些常識？評論家們在這個問題的看法上有重大分歧。但是毫無疑問，不管怎樣，蘇格拉底自己確實主張人的德性觀念是他行為動機的唯一根據（在《美諾篇》裏也有論述）。德性即知識的觀點直接來源於蘇格拉底的主張，這個主張在古代是眾所周知的，它否定了行為者可能去做違背自己明智判斷的事（即否定了意志的軟弱）。按照亞里士多德的描述[13]，蘇格拉底曾經斷言「除非因為失誤，否則沒有人會認為他正在做的是有悖於他認為是最好的事」，簡單說來就是「無人故意犯錯」[14]。

就前面的論述來看，蘇格拉底的德性理論是把德性等同於某種可以確保生活美滿的品質，然後又基於上面提到的那種動機理論，將這種品質等同於行為者掌握的什麼對自身最好的知識。但是，這個理論缺乏道德的內容，它沒有指出或者是暗示出，對於行為者來說，最好的事情就是過上一種合乎道德的正當生活。如同傳統德性實踐所規定的那樣，過一種正義的和有節制的生活。「正義的」意味着要尊重和關心他

13　見《尼各馬可倫理學》1145^b, 26–7。

14　見《普羅泰戈拉篇》345e。

人，「節制的」意味着要放棄自我欲望的滿足。但是，如果要說蘇格拉底有些獨特之處的話，那就是他一直堅持道德的優先性。我們可以在《申辯篇》裏看到，他說過他知道，不管怎樣他都不能做錯的事情，他要服從神靈的旨意去從事哲學的思考。《克力同篇》的基本論點就是一個人決不能做壞事(或者是「做違法的事情」)。這個道德原則使得他放棄了越獄的打算(49a–b)。蘇格拉底認為，對於行為者來說，最好的生活就是按照道德規範去生活，這樣就與上面提到的動機理論聯繫起來了。根據這個論點，無人故意犯錯的口號就有了一種道德的向度，「沒有人願意做壞事」(或者是做不義之事)[15]，所有做錯事的人都不是出自本意(或者說是「無意」的)。這就是眾所周知的「蘇格拉底悖論」在道德論上的表述。

　　有道德的生活對於我們人來說就是最好的生活。這個論點有一個重要的作用，就是將蘇格拉底道德優先的直覺認識與他的利己動機論連接起來。正是基於這一動機理論，他才把德性等同於知識。這個論點也是蘇格拉底整個思想的主旨所在。它極其重要，但讓我們感到驚訝的是，蘇格拉底的對話並沒有提供什麼論據來支持這個論點。在《克力同篇》的47e處，正義和非正義被分別比喻為靈魂的健康狀態和疾病狀態；

15　見《高爾吉亞篇》509e。

因此，正如肉體生病腐化讓人活得沒有價值一樣，靈魂的腐化墮落也讓人活得沒有意義。

但是這不能成為一個論據。我們承認健康本身就是值得期望的一種狀態，疾病是令人厭惡的一種狀態，但對於正義就是靈魂的健康而不義就是靈魂的疾病這樣的關鍵論斷，需要的是論證而不僅僅是提出觀點而已。

柏拉圖在《高爾吉亞篇》裏面作了一些論證，但還不夠充分。在這篇對話中，為了反駁波盧斯，蘇格拉底提出，那些成功的暴君就是公認的最為不仁不義之徒，他們並沒有像波盧斯斷言的那樣得到對他們最好的生活。相反他們永遠也得不到真正想要的東西，因為他們想要的就是對其最好的東西，但不義只會對自己有百害而無一利。之所以這麼說[16]是源於波盧斯承認，只給自己帶來好處的不義行為是可恥的行為。蘇格拉底同意波盧斯的觀點，並由此引申出了這樣一個原則：不義的行為之所以可恥是因為它要麼令人不快，要麼給人帶來危害。顯然，不義的行為不會使人不快；因此按照上面的假定，不義的行為就必然給人帶來危害。那麼，不義的舉動對於行為者來說便是有害而無益。這個論點有許多站不住腳的地方，其中最重要的問題是它忽視了這些道德概念的相對性。為了使人可以接受，第一個假定應該解讀為「對某人來

16　見《高爾吉亞篇》473e–475c。

說，任何可恥的行為要麼使某人感到不快，要麼給某人帶來傷害」。從這個假定顯然不能推論說，因為不義不會讓不義之人感到不快，所以它就必定會給不義之人帶來傷害；它也可能是給別人帶來傷害，這就是不義對不義之人來說也是可恥的理由。（我們之所以認為不義對作惡者來說也是可恥的，就是因為它會給別人帶來傷害）。在後面的對話中(503e–504d)，蘇格拉底為了反駁卡里克勒斯而提出，既然任何一種事物的德性(比如一艘船或者一棟房子)取決於它合適的組成比例及其排列形式，那麼身體和靈魂的德性也必須依賴於它們組成的恰當比例和排列順序。對於身體來說就是健康，對於靈魂來說就是正義和自制。《克力同篇》曾經對健康和德性的並行論有過簡單的說明，在這裏已經上升到了一般原則，即德性取決於事物的組成形式，但是這個原則還不足以建立起健康和德性的並行論。因為事物具有的恰當組成形式是由該事物特定功能決定的。比如說一艘船的功能就是在水上安全省力地運載乘客和貨物，我們要由此種功能來判斷這艘船的構造是否良好。所以為了知道怎樣才能使我們心理的組成部分，如思維能力和身體欲望，達到最佳的組合狀態，我們首先需要知道我們的人生目標應該是什麼。有些人生目標可通過傳統道德來確立最佳的組合形式，但有些人的人生目標就要求一種完全不同的組合形式。比如，傳奇人物唐璜（Don Juan）或者印

象派畫家高更(Gauguin)可能會認為，能夠最大限度地實現自我表達的組合形式才是最佳的組合形式。

德性即知識的學說是理解蘇格拉底在《普羅泰戈拉篇》中強調的整體德性論的關鍵所在。在這篇對話中，普羅泰戈拉採納了一種非常傳統的德性概念。他認為德性就是由一組彼此不同的品質組成的，就像我們的身體是由不同的感官組成的一樣。人的行為要恰當，就必須協調好這些不同的品質。但一個人可能具有某些品質而同時又缺乏其他一些品質。比如，最容易看到的是，一個人可能表現得非常勇敢，但是在其他品質方面又有着非常明顯的缺陷(329d–e)。與此相反，蘇格拉底提出，如勇敢、自制等這些具體德性指的其實都是「同一事物，只不過名稱不同罷了」(329c–d)。他後來在對話中又對如何理解整體的德性進行了說明(361b)。他強調，他一直「努力地表明，所有的品質，如正義、節制、勇敢等，都是知識」。說每一種德性都是知識的意思是，按照上面提到的動機理論，知道什麼對行為者自身最好就足以保證他在生活的各個方面都可以正確行事。我們不應該把具體的德性看作是一種一般的德性知識中的不同種類。比如，把憐憫看作是宗教方面的知識，把勇敢看作是應對危險事情的知識，它們兩個的性質完全不同，就像算術知識和幾何知識都是數學知識，但卻各不相同。因此，一個人可以只懂算術知識而不管幾何知識。蘇

格拉底構想的是一種獨一無二的綜合性知識，這便是知道什麼對行為者自身最好的知識，這種知識可以運用到生活的各個領域；在各個不同的領域中，它有不同的名稱。比如勇敢就是使人在險境中臨危不懼的一種德性，憐憫是使人在神面前舉止得當的一種德性。上述各種不同的德性說的又都是同一個東西，那就是行為者對他或她自身福祉的領會。

　　有人反對說，蘇格拉底的這種整體德性論與他的具體德性說是前後矛盾的，因為在《拉凱篇》和《美諾篇》裏，他把具體德性看作是整體德性的組成部分。確實，在《拉凱篇》裏面，蘇格拉底把勇敢定義為對可怕之事的知識(194e–195a)，但這種定義被否定了。因為如果這種定義說得通的話，勇敢也可以被定義成是對什麼是好和什麼是壞的知識。但是這樣勇敢就與作為整體的德性等同起來了，而開始的假設是勇敢不是德性的全部而只是德性的一部分(198a–199e)。考慮到這篇對話陷入了自相矛盾之中，我們弄不清楚柏拉圖當時在寫這篇對話的時候，他自己是否認為勇敢作為整體德性的定義和勇敢作為德性一個組成部分的定義是相互矛盾的。如果說他已經看到了這個矛盾，我們不知道，他是否清楚應該捨棄哪種定義。我們完全可以想像得到，柏拉圖自己並不認為它們是相互矛盾的，而且在他看來，讀者也應該看到，用不着否定其中的任何一種定義。在柏拉圖看來，只要對部

分德性論稍作解釋他便可以和整體德性論統一起來。簡單地說，整體的德性遍佈生活的全部領域，而作為具體德性的「勇敢」和「憐憫」等並不是德性的全面應用，而只是德性在一個特定領域中的應用。比如近海航行學與遠洋航行學並不是兩種學科，它們都屬航行學，只是應用的範圍有所不同。它們是航行學的組成部分，必須同時掌握它們才能勝任航行的工作。

正如我們已經看到的，德性即知識的理論在其核心論點上存在着漏洞。德性始終是對行為者有利的這個核心論點竟然在蘇格拉底的對話中並沒有給予任何的證明，而且更嚴重的問題是，這個論點的前後有矛盾。當我們問「德性是關於什麼的知識？」的時候，這個論點的矛盾就會呈現出來。在《美諾篇》和《普羅泰戈拉篇》裏面，蘇格拉底回答說，德性是關於行為者幸福的知識，按照追求幸福是人固有動機的假定，如果一個人堅持追求自己的幸福，他就必須具備有關幸福的知識，因為這種知識可以保證他生活美滿。然而，行為者自身的幸福與保證他最終獲得幸福的知識是有區別的。「德性是有關行為者幸福的知識」就好比說「醫學是有關健康的知識」。以這個類比來說，德性作為保證人們獲得幸福的知識，其價值就純粹是工具性的，這如同醫學的價值也是純工具性的一樣，它只是從保證獲得幸福這一內在價值中派生出來的。我們都知道，蘇格拉底將德性視為本身就有

價值的東西而不僅僅是有工具性的價值，他並沒有將德性比作醫學，而把德性看成是健康本身。因此，德性不是為了達至我們指明的、並稱之為幸福的生活狀態而採用的手段；其實德性就是這種幸福的組成部分（有關蘇格拉底倫理學最棘手的問題之一就是要弄清楚，蘇格拉底是否還承認有其他的組成部分）。所以說德性是值得追求的，並不是因為它是為了過一種有意義的生活（即過上一種幸福生活）而採取的一種手段，恰恰相反，生活之所以值得過，那完全或者主要是因為那是一種富有德性的生活。

顯然，德性理論的前後矛盾在於，蘇格拉底既主張德性是有關什麼是行為者幸福的知識又強調德性就是幸福本身這兩個彼此矛盾的觀點。當然，我們可以說德性是有關什麼是行為者幸福的知識，而行為者的幸福就是知識。但是，假如這樣的話，作為行為者幸福的知識就必須與有關什麼是行為者幸福的知識區分開來。否則我們會遇到這樣的情形：有了什麼是幸福的知識就等於有了幸福，幸福就是對什麼是幸福的認識，反過來說，這種認識（即什麼是幸福的認識）就是幸福，而幸福就是關於什麼是幸福的知識，如此這般推下去以至於無窮。所以，如果蘇格拉底想要堅持德性即知識的論斷，他就要麼指明，這種知識並不是有關個人幸福的知識，要麼放棄德性就是個人幸福的觀點。

按照柏拉圖在《歐諦德謨篇》裏的描寫，蘇格拉底一直在努力解決這個問題。這篇對話表現了兩種哲學思想的交鋒，一種以蘇格拉底為代表，另一種以智者歐諦德謨和狄奧尼索多羅(Dionysodorus)兩兄弟為代表。兩個智者憑藉一種令人眼花繚亂的詭辯技巧來闡述他們的思想，這種詭辯技巧使得他們特別地「好辯論，而且還能夠駁倒任何人的觀點，無論這種觀點是對還是錯」(272a–b)。對於蘇格拉底來説，他試圖論證智慧在實現幸福生活中的核心作用。在他辯論的第一部分(278e–281e)，他認為德性即知識，這個論點與《美諾篇》(87d–89a)裏面所提出的論點完全一樣；只有知識或智慧(它們是可以互換的)是無條件地好，因為其他所有的好東西如物質財富或者人格魅力，只有運用得當才會給行為者帶來好處，而將這些好東西運用得當又要全憑智慧的指導。就這個部分的辯論而言，蘇格拉底還是在重複《美諾篇》裏面的論點，但是他在第二部分的辯論(288d–292e)超越了以前的論點。他在這裏指出，以前的辯論表明，那種可以為行為者帶來最大幸福的技藝是能夠協調和運用所有從屬利益的技藝，而且還包括了所有其他技藝的成果。這種技藝顯然就是一種起着指導或者支配作用的技藝，可以稱之為是政治的或者君主式的技藝。但現在的問題是，君主式技藝追求的目標是什麼呢？這種技藝不是給民眾直接提供諸如財富或者自由之類的好處，因

為以前的辯論已經表明，這些東西只有受智慧指導才談得上是幸福的。這樣君主式技藝的目標只能是使民眾有智慧。但這是什麼樣的智慧呢？當然不是做鞋子或者建房子的那種智慧（這等於是技能），因為這些也必須接受某種最高技能的指導。所以君主式技藝的目標不是別的，正是使民眾也具備一種君主式的技藝。但正如蘇格拉底所承認的（292d-e）那樣，這個認識並沒有給我們帶來什麼東西，因為我們對什麼是君主式的技藝還缺乏一個明確的概念。

蘇格拉底給我們留下了一個未解的難題。柏拉圖也沒有看出蘇格拉底有什麼解決的辦法來。這篇對話表明，柏拉圖已經意識到了蘇格拉底倫理學體系中兩個重要原則的矛盾，即德性即知識（關於人的幸福的知識）和德性即幸福之間的矛盾。如果人的幸福可以等同於知識和德性的話，那知識的對象就不是這種知識本身。柏拉圖最後的解決辦法就是提出（在《理想國》裏面），人的幸福是一種人格狀態，在這種狀態中，人的非理性衝動受到理智的支配，而理智又是由知識訓練出來的，這種知識不是關於人的幸福的知識，而是關於善本身的知識，它是一種普遍的理性原則。柏拉圖的這個思想包含以下三方面的內容：(1)人的幸福是德性；(2)德性不等同於知識，而是受到知識的指導；(3)這裏所說的知識是關於普遍的善的知識。我們在《歐諦德謨篇》裏面可以看到一個明顯的變化，這就

是蘇格拉底在《美諾篇》裏面明確提出的觀點逐漸發展到柏拉圖自己的觀點。

柏拉圖在《普羅泰戈拉篇》裏也在試圖解開這個難題，因為蘇格拉底在對話中提出了一種幸福理論，其中心論點是：(1)德性是關於人的幸福的知識[17]；(2)人的幸福是一種最快樂的生活。這個理論的意義不在於蘇格拉底自己是否接受了，或是僅僅為了普通民眾和普羅泰戈拉能夠接受而提出了它。它的意義在於打破了阻礙蘇格拉底理論發展的僵局，雖然柏拉圖自己不一定會接受這種理論。在嘗試了這種堅持德性與知識的同一性而放棄德性與幸福的同一性的理論後，柏拉圖選擇了《歐諦德謨篇》的立場，即堅持德性與人的幸福的同一性，而不是與知識的同一性。

蘇格拉底和智者

在柏拉圖的辯護計劃中，蘇格拉底與智者的交鋒顯得尤為重要。正如我們所看到的，蘇格拉底與智者在當時被視為是一路貨色，所以柏拉圖的辯護就是要表明，蘇格拉底和智者的行為有着天壤之別。柏拉圖把蘇格拉底描寫成哲學家的典範，因此，從抽象地意義上看，蘇格拉底與智者的交鋒代表了一種真哲學與假哲學之間的交鋒。

17 也見《美諾篇》。

柏拉圖在其篇幅最長、最富戲劇性的《高爾吉亞篇》《普羅泰戈拉篇》和《歐諦德謨篇》等三篇對話中描述了蘇格拉底與智者及其弟子的思想交鋒。我將連同《理想國》第一卷的內容對上述三篇對話一起進行考察。從作品本身看，《理想國》第一卷或許曾經是一篇單獨的對話；即便不是這樣，它也可以使我們看到柏拉圖早期對話作品中那種質疑和反詰的辯論風格，其實《高爾吉亞篇》裏的卡里克勒斯和《理想國》裏的色拉西馬科斯的觀點是比較一致的。除了這些主要的戲劇性對話作品之外，蘇格拉底在兩部「希比阿篇」的對話中也與智者展開了一對一的辯論。

智者在古希臘語中叫作 *sophistēs*（源自形容詞 *sophos*，是「有智慧」和「有學問」的意思），原來是指「專家」或者「聖賢」。著名的希臘「七賢」[18] 也被稱為「七智者」。在公元前五世紀，智者是指那些像在蘇格拉底對話中的普羅泰戈拉和希比阿那樣四處講學的知識分子。我們在前面看到，智者在某些地方被看作是危險的破壞分子，他們通過自然科學和詭辯技巧來顛覆傳統的宗教和道德。與其他人不同，柏拉圖對智者的描寫更加細緻精確。在智者的思想中確實有顛覆傳統的內容，如卡里克勒斯和色拉西馬科斯

18　根據不同記載，被稱為希臘「七賢」的共有22人之多，但提到比較多的是泰勒斯(Thales)、梭倫(Solon)、比亞斯(Bias)、庇塔庫斯(Pittacus)和基倫(Chilon)等人。——譯注

就猛烈地攻擊傳統道德。在詭辯中，歐諦德謨和狄奧尼索多羅厚顏無恥地蓄意哄騙對手。但是，柏拉圖並沒有把智者這個階層描寫成為道德的顛覆者或是假冒的辯論者，更不用說把這兩個惡名都加在智者頭上。

《普羅泰戈拉篇》中的智者向人們傳授生活的技藝，但這種生活技藝並不否定傳統的社會道德，反而是在延續傳統社會的道德，因為他是在為傳統的教育內容拾遺補缺。他通過一個故事說明，社會道德是一個自然而然的發展結果，一個人生活在一個敵對的世界中，就必須要與社會合作，必須要一種道德。他以此來為傳統道德辯護，並說明基本社會道德的重要性，特別是正義和自制的重要性。他對自己觀點的論證是比較合理的，在某些地方還很有說服力。有趣的是，柏拉圖根本沒有提到智者以弱勝強的詭辯術，以及他們關於神靈的存在論和本質的不可知論。智者普羅狄庫斯也出現在《普羅泰戈拉篇》裏面，他在柏拉圖的其他對話中也經常被提到。據說，他對宗教的起源做出了自然主義的解釋，所以被某些古代學者視為無神論者。柏拉圖在這個對話中沒有提到這些，只是取笑了他咬文嚼字的怪癖。在《普羅泰戈拉篇》和《大(小)希比阿篇》的對話中，希比阿被描寫成為一個博學者，他的興趣廣泛，科學、天文學、歷史學、文學批評和記憶術無所不包。在《大希比阿篇》中，他並沒有表現出有什麼辯才，柏拉圖也沒有提到他有

什麼激進的觀點。高爾吉亞一出場就提出，作為他專長的修辭術(也譯為雄辯術)是一門無涉價值觀的學科(455a)，但是在蘇格拉底的誘導下，他也不得不承認，一個優秀的演說家必須知道什麼是正義和不義。如果他的學生們還不知道這一點，他可以再教他們(460a)。當然，他在對話中並沒有對正義和非正義作出實質性的說明；而且這個對話也沒有提到，卡里克勒斯是從高爾吉亞那兒學到非道德主義的。如果說高爾吉亞對卡里克勒斯有什麼影響的話，那就是他在表達自己那些驚世駭俗的觀點時所充分體現出來的雄辯力量，這可能更符合高爾吉亞的實際情況。在柏拉圖看來，這種影響和強行灌輸一樣危險。

這裏值得指出的是，就像他對智者學說的描述一樣，柏拉圖對智者品性的描寫也很細緻。至少他沒有總懷着敵意來刻劃智者的形象。色拉西馬科斯確實令人生厭：高傲、粗魯、放肆(他甚至告訴蘇格拉底，他讓照料他生活的人為他擦鼻涕)(343a)。希比阿是一個博學又自負的笨蛋，但柏拉圖對其他智者的描寫要更加溫和一些。比如，《歐諦德謨篇》中的那兩兄弟的騙術如此明顯，一眼就能被人識破，以至於他倆兒看上去都有點討人喜歡了。而普洛狄庫斯則是個有點滑稽的人物。普羅泰戈拉是一個受到更多關注的人物，他確實有些自命不凡和驕傲自滿，當他被蘇格拉底問住的時候，他會變得非常惱怒，但很快就會平靜下

來，爽快地承認自己的無知，即使是有那麼一點屈尊俯就的樣子，他還是對蘇格拉底表示了自己的敬意。更重要的是，柏拉圖把他看作是一個必須從思想上認真對待的人物。他為捍衛社會道德和他的教育者身份所作的發言，都是柏拉圖的嚴肅之作。在同蘇格拉底辯論的時候，他始終能堅持己見。當我們再看看《泰阿泰德篇》裏面對他學說的長篇批判(這種情況沒有發生在其他智者身上)，我們就可以看得很清楚，柏拉圖確實很重視他。

柏拉圖筆下的蘇格拉底，對智者非正統的宗教觀並不感興趣(後來在《法律篇》第十卷裏面，柏拉圖提出強而有力的理由說明，無神論會導致不道德的行為，他建議用國家的手段來禁止無神論的傳播 —— 包括動用死刑來懲處那些信奉無神論的人 —— 但柏拉圖筆下的蘇格拉底是不會持這種態度的)。他面臨的嚴峻挑戰來自智者色拉西馬科斯和高爾吉亞的夥伴卡里克勒斯所代表的智者派的道德思維方式。卡里克勒斯比較明確而色拉西馬科斯比較含蓄地表達了他們的一種思想，其基本內容就是將自然的東西和習俗的東西區別開來。他們斷定，人性都是自私的，同其他動物一樣，人也有尋求最大自我滿足的自然衝動。他們由此得出結論說，每個人的幸福生活就是能夠無限制地滿足自己的自然衝動。在他們的眼裏，法律和道德都是為了限制人們的自然衝動而採取的一些社會措施，其

目的是為了增進一些人的幸福，其作用就是強迫人們犧牲自己的幸福來保證其他一些人的幸福。但是，因為每個人都有充分的理由將他們自己的幸福置於他人的幸福之上，所以每個人理性的選擇就是使自己擺脫法律和道德的束縛。（卡里克勒斯還進一步強調，這不僅僅是理性的行為，而且在現實生活中還是正確或正義的行為，因為只要個人有力量使他人為自己服務，他就有權利這麼做，法律或道德的錯誤就在於試圖阻止人們這麼做。）

前一章勾勒的蘇格拉底的道德理論是對智者挑戰的一種回應，儘管這種回應還缺少應有的說服力，因為蘇格拉底還沒有將道德和行為者的幸福有效地聯繫起來。但是除了這種徹底挑戰傳統道德的觀點之外，智者派的思想裏面也有維護傳統道德的聲音，從而能夠回應他們自己提出的這一挑戰。如普羅泰戈拉在對話中（見《普羅泰戈拉篇》）就提出了道德的社會起源論。這種理論反對那種把自然和習俗截然對立起來的主張。相反，它強調以社會道德形式出現的習俗本身就是自然的產物，因為這些行為準則是自然而然地產生，是人類為了生存去適應外界環境的結果（社會就是由此而形成的）。其實習俗並沒有妨礙人性的發展，相反，只有通過習俗的作用，人性才能隨着文明的發展而得以延續和發展。

因為普羅泰戈拉贊成傳統道德，尤其是正義和自

制的道德，這樣他就加入到了反對卡里克勒斯和色拉西馬科斯的陣營中。儘管這樣，蘇格拉底還是找出了他理論上的漏洞。雖然蘇格拉底沒有明確說出來，但還是暗示了，普羅泰戈拉把正義和自制僅僅看作是有工具性的價值而不是有內在的價值；在他看來，正義和自制的價值僅僅在於它們是為公共生活謀福利的必要前提，並不是要求人們時時處處都遵守這些道德規範，只要人們大體上能遵守就行了。因此在特定的情況下，只要既不危及社會秩序又不用受罰，那偶爾做點壞事也未嘗不可。(這是一個「搭便車」的問題)。這個問題在《理想國》第二卷裏面有過相關的討論。在《普羅泰戈拉篇》裏面，蘇格拉底批評普羅泰戈拉把具體德性與整體德性割裂開來(見前面的相關論述)，其實是沒有抓住德性的實質，所以他稱自己是德性問題的專家(換言之，他可以教授政治的技藝，319a)是騙人的。像希波克拉底等人都去請教他德性方面的知識，這不僅浪費了他們的時間和金錢，而且還可能會得到錯誤的德性觀和人生價值觀(312b–314b)。

智者是一些危險人物，但不是像大眾諷刺挖苦的那樣。他們是一種威脅，但主要不是因為他們宣揚無神論或不道德的行為(即使有些智者確實在傳播無神論或是反道德的觀點)，而是因為他們把自己裝扮成是專家，能夠回答「一個人應該怎樣活着？」這樣一個至關重要的問題，但實際上他們並沒有回答這個問題需

要的知識。這是一個在蘇格拉底與智者交鋒中反復出現的主題。普羅泰戈拉聲稱，他可以教會人們如何去獲得德性，但事實證明他根本不知道什麼是德性。歐諦德謨和狄奧尼索多羅也斷言可以教授德性(275a)，但實際上他們教授的只是修辭技巧。(按照柏拉圖的描寫，普羅泰戈拉對他自己的主張堅信不疑，但對話中的兄弟二人就很難說了。智者是否相信他所說的東西並不重要，重要的是其主張沒有什麼事實根據)。希比阿自稱他什麼都懂，包括作為德性組成部分的美和高尚的本質，但事實證明，他和其他的智者一樣，都只是徒有其名罷了。相反，蘇格拉底一般不自稱是專家。他所要表達的是對哲學任務的真正把握，是尋求真正的生活技藝；要獲得這種技藝就要真正懂得什麼是善，什麼是正確的人生目標。

在《高爾吉亞篇》裏面，通過與修辭術進行對比，蘇格拉底強調了自己的這種哲學主張。生活的技藝旨在尋求德性，需要知道德性是什麼，而修辭術僅僅是為了滿足人們的欲望，這些人並不知道欲望滿足的結果是好是壞。因此生活技藝的真正專家是以蘇格拉底為代表的哲學家。蘇格拉底在這篇對話中出人意料地聲稱，他擁有生活技藝的專業知識。如果人們的生活沒有哲學的指導，而只受修辭術左右，那麼結果就是用對快樂的追求代替對德性的追求，接着就可能出現卡里克勒斯那樣的道德混亂。在卡里克勒斯看

來，德性就是毫無顧忌地追歡逐樂。同其他智者不同，高爾吉亞似乎沒有斷言他能夠傳授德性。這樣蘇格拉底在這篇對話中批評的不是智者對專業知識的佔有，而是一種錯誤的做法。這種做法主張通過說服技巧而不是通過哲學探究來確立基本的價值觀(在柏拉圖看來，最典型的就是雅典的民主政治)。

第五章
蘇格拉底對後世哲學的影響

古代哲學

從現代的觀點來看，蘇格拉底最為重要的思想遺產就是他對柏拉圖的影響。但是我們已經看到，蘇格拉底死後，他的許多親朋好友都曾撰文著書紀念他，他們在不同程度上也都受到蘇格拉底的影響，而柏拉圖只是其中之一。在這個部分，我將簡要地追述一下，後代人是如何通過與柏拉圖的私交或是柏拉圖本人和他人的著作而受到蘇格拉底的影響。

我們首先從與蘇格拉底有過個人接觸的兩個人說起，他們是安提西尼和亞里斯提卜。據說，安提西尼原是高爾吉亞的學生，他後來轉而擁戴蘇格拉底。他看起來像是一個傳統的智者，寫過大量不同主題的作品，其中許多主題與只關注倫理學的蘇格拉底的興趣相距甚遠。他感興趣的是語言的本質以及語言與現實的關係問題，他尤其否認矛盾存在的可能性，這就很像反對蘇格拉底的兩位智者，普羅狄庫斯和普羅泰戈拉的觀點。據說這兩位智者也否認矛盾存在的可能。

安提西尼似乎是一個在思想上兼收並蓄的人物，蘇格拉底對他的影響主要表現在他堅持蘇格拉底的一些倫理主張，並且將其運用到他的苦行生活之中。安提西尼認為德性不僅可傳授，而且還能夠給人以幸福。除此之外，他還補充了一個重要的觀點，即「我們需要的正是蘇格拉底的力量」[1]。蘇格拉底否認可能存在那種違背自己理智判斷的行為。人僅僅擁有德性知識還不足以保證他去追求德性，他還必須獲得足夠的力量來遵守他或她的理智判斷，這就是意味着，光有理智判斷還不夠，還需要克服欲望帶來的干擾。（柏拉圖在《理想國》429c 也做了類似的修改，他將勇敢定義為「能夠在各種快樂、欲望、恐懼的影響下，堅持由法律和教育所灌輸的信念，能夠分清什麼是最壞的和什麼是最好的」。）蘇格拉底的力量要由一種苦行的生活方式來發揚，這種生活方式要求迴避所有的快樂，當然除了那些對苦行生活有益的快樂。顯然，蘇格拉底的生活方式也同他的學說一樣，對安提西尼產生了重要的影響。後來，極端的苦行生活就成為了犬儒學派的標誌，這個學派拒絕接受通常的社會生活習慣，以此來表達他們的核心信條，即善的生活就是順應自然的生活。據說安提西尼後來成為了犬儒學派的創始人。沒有證據表明蘇格拉底在思想或組織形式方面影響了安提西尼，但蘇格拉底的生活方式卻為後人所繼

1　第歐根尼·拉爾修 6.10–11。

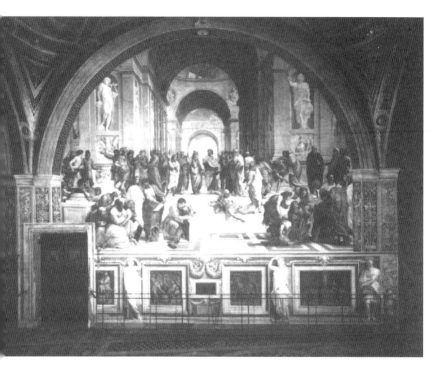

圖8　拉斐爾壁畫《雅典學院》（創作於1508至1511年）的局部。該壁畫
　　描繪了古希臘那些最著名的思想家。柏拉圖和亞里士多德站在中
　　間。蘇格拉底站在他們的左邊，正在向一群旁觀者發表演説。

承。正如第歐根尼·拉爾修明確記述的那樣(6.2)：安提西尼「繼承他(即蘇格拉底)的忍耐力，學習他不受情緒影響，由此成了犬儒主義的創始人」[2]。

亞里斯提卜的家鄉在北非的昔蘭尼加，他因為仰慕蘇格拉底而來到雅典。他也寫過題材眾多的作品，其中有倫理學、語言理論和歷史。據說，他是蘇格拉底弟子中第一個學智者向學生收學費的人。他被看作是昔蘭尼學派的創始人，這個學派在公元前四世紀到三世紀比較有影響。但由於我們無法確定這個學派創立的年代，所以我們沒有可靠的證據來確定這個學派的哪些學說是由亞里斯提卜本人提出來的。在倫理思想方面，該學派主張，當下的感官快樂才是至善；在認識論方面主張，我們只能認識當下的感官印象。這後一種主張明顯帶有懷疑論傾向。正是這一傾向使昔蘭尼學派在倫理學和認識論方面的主張統一起來。根據懷疑論的觀點，過去和將來都是無法理解的，因此只有面對當下的經驗才是理性的選擇；所有生物都趨樂避苦，所以及時行樂才是合理的主張。在古希臘哲

2　犬儒主義(Cynics，也稱犬儒學派)，是流行於公元前四世紀到基督教時期的一個古代哲學派別，以憤世嫉俗和悲觀懷疑而著稱。其創始人是蘇格拉底的弟子安提西尼，第歐根尼則是這個學派最典型的代表人物，他用自己的行為挑戰社會常規道德，倡導一種回歸自然的生活方式，平時睡在露天的巨大陶管裏，聲稱要像狗那樣生活。這個學派與其他古代哲學派別相比較，它的社會影響主要在於它與眾不同的生活方式而不是它的思想體系。──譯注

學家中間，唯有這個學派從這種懷疑論的角度否認幸福是至善；因為要得到幸福就要把生活看成是一個整體，但這是不可能的，因為除了當下我們什麼也不知道。所以，聰明人的生活目標就不是什麼幸福而是及時行樂。

從這些思想中間，我們看不到什麼蘇格拉底的影響。這個及時行樂才是至善的主張，更接近卡里克勒斯的觀點，而不是蘇格拉底的觀點。雖然後來有一些懷疑論者宣稱蘇格拉底是他們的鼻祖，但這並不是因為蘇格拉底說過，唯有當下的感官印象才是可以認識的。這個觀點其實是由普羅泰戈拉提出的，在《泰阿泰德篇》裏面曾遭到過蘇格拉底的批評。另一方面，從歐西比烏斯(Eusebius)記錄的一些亞里斯提卜的觀點來看，亞里斯提卜的有些思想還是比較接近蘇格拉底的。比如說，他認為快樂是值得追求的，但不是無條件的，也不能沒有節制。這種節制來自教育，來自自我認識，來自學習，來自一種忍耐力(忍耐力是安提西尼苦行主義道德的一個關鍵詞。)我們可以說是這個學派在亞里斯提卜死後，在一個懷疑主義盛行的時代發展了他的觀點，提出了及時行樂是至善的主張。

絕大多數的古代文獻都表明，亞里斯提卜喜歡奢華的生活，在色諾芬的《回憶蘇格拉底》裏面就有相關的記載。色諾芬寫道，蘇格拉底曾用普羅狄庫斯關

於「赫拉克勒斯的選擇」這一寓言[3]來告誡亞里斯提卜(2.1)。這個寓言的寓意完全是安提西尼式的觀點，即認為簡單和辛勞的生活從長遠來看比奢華的生活更能夠帶來快樂。這個觀點強調的是長遠的考慮，亞里斯提卜似乎沒有在理論上拒絕這個觀點。我們可以看到，安提西尼和亞里斯提卜之間的差別不是體現在思想上的截然對立，而是表現為一種性情上的大相徑庭。安提西尼受到蘇格拉底苦行生活方式的影響，他將這種苦行生活方式上升到道德理想的高度，而亞里斯提卜則認為，蘇格拉底提出的自我認識和自我節制的思想與一種隨遇而安的生活方式是相通的。亞里斯提卜對蘇格拉底的理解讓我們想到了蘇格拉底確有不那麼刻板的一面。例如，他特別喜歡美食和豪飲[4]，以及他出了名的好色。有些人認為，蘇格拉底在《普羅泰戈拉篇》裏面表現出來的享樂主義傾向代表了他真實的觀點。上面提到的古代文獻就有記載說，蘇格拉底也主張人生的最高目標就是及時行樂。最引人注目的是蘇格拉底的形象如此複雜多變，以至於像安提西尼和亞里斯提卜代表的兩種迥然不同的生活方式都

3　林拉克勒斯(Heracles或Herculean)，希臘羅馬神話中的大力神和英雄，是天神宙斯和凡人女子阿爾克墨涅所生的兒子。他力大無比，但受到宙斯妻子赫拉的報復和迫害，作為歐律斯特斯的奴僕去完成12件苦役而名聞天下。——譯注

4　見柏拉圖《會飲篇》220a。

可以在某種程度被看作是蘇格拉底式的(奧古斯丁[5]在《上帝之城》中對此有過評論，見 8.3 節)。

由於安提西尼的關係，蘇格拉底與犬儒學派有了一定的聯繫，以後又被認為是斯多葛學派[6]的思想前輩，因為斯多葛學派自認為是犬儒學派和蘇格拉底思想的繼承人。按照希臘歷史學家的描述(在第歐根尼·拉爾修的作品中是依照生活年代的順序進行記錄的)，這兩個學派領袖的傳承關係是這樣的：經過斯洛普的第歐根尼[7]和來自底比斯的克拉特斯[8]的發揚光大，犬儒學派領袖的位置由安提西尼傳到了來自西提烏姆的斯多葛學派創始人芝諾(Zeno)手中。據說芝諾在去拜訪雅典的途中，讀了色諾芬的《回憶蘇格拉底》，之後便決定投身哲學。他四處打聽在哪裏能夠找到像蘇格拉底那樣的人，最後有人建議他去認識克拉特斯。

5　奧古斯丁(Augustine，354-430)，公認的古代基督教最偉大的思想家。他將基督教信仰與柏拉圖的哲學結合起來，代表作有《懺悔錄》和《上帝之城》。——譯注

6　斯多葛學派(Stoics)，古希臘羅馬時期一個重要的哲學派別，它公認的創始人是西提烏姆的芝諾。它強調知覺是真知的基礎，相信德性是世界的內在規定，主張哲學探究的目的是為人們提供一種以心靈平靜為原則的生活方式。——譯注

7　他被形容為是一個「發了瘋的蘇格拉底」，見第歐根尼·拉爾修6.54。

8　克拉特斯(Crates)，來自底比斯，大約生活在公元前四世紀後期，是犬儒學派哲學家第歐根尼的學生。他放棄財產而追求矯正世上罪惡的事業。他以寫作哲學戲劇和哲學書信而為人稱道，其歷史的重要性在於他對斯多葛派創始人芝諾的影響。——譯注

作為犬儒學派的後繼者，斯多葛學派繼承了順其自然的生活就是人類最大幸福這一主要觀點。然而，斯多葛學派是借助蘇格拉底而不是犬儒學派來闡述其自然主義幸福觀的。對於斯多葛學派來說，順其自然的生活適合於所有生物，因為這種生活遵循了整個自然界的完美秩序。人是理性的動物，對於人來說，順其自然的生活也是符合理性要求的生活。在人的靈魂中，並不存在理性因素和非理性因素的劃分，也不存在道德和理性的劃分。事實上，斯多葛學派完全接受了蘇格拉底倫理學的基本主張，他們也同樣認為德性即知識，德性是實現幸福的充分條件。在《美諾篇》和《歐諦德謨篇》裏面，蘇格拉底提出德性(等於知識)是唯一的無條件的善，這個主張被斯多葛學派解釋成德性是唯一的善，其他所有的東西，不管好或是壞，都是無關緊要的。阿里斯托(Aristo)是芝諾的一個追隨者，他堅持蘇格拉底的德性統一論思想，並解釋說，不同的德性有不同的名稱是為了描述有關善惡的不同知識，不同德性的劃分只是為了應對不同的現實情況。

我們看到，斯多葛學派所堅持的德性即(善的)知識和德性是唯一善的兩個主張都曾使蘇格拉底在倫理學上走進了死胡同。批評者們毫不遲疑地斷言，斯多葛學派也走進了同樣的死胡同：普盧塔克[9]斷言，當被問到什麼是善的時候，斯多葛派肯定回答「善就是智

9　見《道德論叢》1072b。

慧」，當被問到什麼是智慧的時候，他們肯定會回答「智慧就是善」。他們的回答直接引證了《歐諦德謨篇》中的相關段落(292e)。蘇格拉底在理論上陷入困境，最先就是在這些段落裏反映出來的。但是斯多葛學派找到了走出這個困境的辦法，這就是他們有關人的德性與自然的完美秩序相一致的學說。人類的德性確實是有關德性的知識，但這種知識並不僅僅是有關人類德性的知識，即不是有關人類德性本身的知識。它是有關宇宙德性的知識，可以使心靈完全聽從理性的召喚，從而達到與宇宙理性合一的境界。但是看起來，斯多葛學派似乎並沒有徹底擺脫這個困境，因為理性的行為就是作出正確的選擇，就是去選擇好的東西而放棄壞的東西，如果不存在好與壞的區別而只有德性和背德的區別，那麼我們最終還是無法認識清楚什麼是德性。這個問題一直困擾着斯多葛學派，於是這個學派中的有些成員就試圖找到一種解決辦法，即在「無關緊要」的事情中間把健康這種「可取的無關緊要的事情」和疾病這種「不可取的無關緊要的事情」區別開來。無論是哪一種無關緊要的事情都不比另一種無關緊要的事情更好或是更壞，然而自然會促使我們去尋求可取的事情和避開不可取的事情，德性就在於遵循這些自然的推動力而去作出正確的選擇。批評家們，如普盧塔克[10]，就認為斯多葛學派玩的這個

10 見《斯多葛學派的矛盾》1047–8。

花招，其實是想魚與熊掌都可兼得，因為他們不得不承認對於無關緊要事情的選擇既是一件最值得關心的事情，同時又是一件最不值得關心的事情。斯多葛學派的矛盾引出了許多有趣的問題，這裏無法再繼續討論了。

斯多葛學派認為，德性從屬宇宙的理性秩序，他們有這個思想就很難再聲稱自己師從於蘇格拉底了。因為這個思想強調有關自然的知識優先於有關倫理的知識，但誰都知道，蘇格拉底對自然哲學不感興趣，他只對倫理學有興趣[11]。可是他們能夠從色諾芬的《回憶蘇格拉底》中找到證據來說明，蘇格拉底正是從思考自然的普遍問題中得出他的道德思想的。在這本書的1.4節，蘇格拉底試圖勸說無神論者阿里斯托德莫改變他的思想，提出從人體的精巧構造就可以證明神的存在以及神對人類的關照。在這個討論中，蘇格拉底提出人的智慧只是遍佈世界的許多智慧中的一種，如同組成人體的自然成分只是整個自然組成成分中的一部分；接着他又說宇宙的智慧將一切都安排得合情合理、無可挑剔，神可以看到一切，聽到一切，他無處不在，關照着一切的存在。蘇格拉底的這個觀點似乎預示了斯多葛學派後來的宇宙觀，這就是把宇宙看成

---

11 見色諾芬的《回憶蘇格拉底》1.1.16和亞里士多德的《形而上學》987^b, 1–2。

是一個有神意的、有靈性的和有序的存在。西塞羅[12]和塞克斯都[13]都明確提到了色諾芬的這段記述，並將其作為斯多葛學派宇宙理性觀的一個思想來源。（還有一個同樣的論點出現在《回憶蘇格拉底》4.3節處，蘇格拉底特別提到人類具有的理性和語言就證明了神對人類的關照。）《回憶蘇格拉底》中的另一段記述(4.4)明顯地預示了斯多葛學派後來的理論主張，因為在這段記述中，蘇格拉底和希比阿都認為確實存在着一些普遍的和不成文的道德法則，例如一個人應該崇拜神，應該尊敬父母，這些道德法則並不像某些社會的法律那樣，只是人類習慣的產物，而是由神為人類所制定的，一旦違反就要受到懲罰。西塞羅的《論共和國》(3.33–84)有類似的主張，並有詳細的論述（西塞羅的論述與斯多葛派觀點如此類似以至於人們懷疑西賽羅是不是在照搬他人思想）。

公元前一世紀伊壁鳩魯學說的信奉者菲羅德穆(Philodemus)認為，斯多葛學派很希望被別人稱為是蘇格拉底的信徒，蘇格拉底在這個學派的歷史上一直是被當作一個聖賢的典範。他坦然赴死的態度就是一個有智慧的人在面對死亡時應該持有的態度。斯多葛派的自殺者，如有名的塞涅卡[14]，就是像蘇格拉底那樣坦

12 見《論精神的本質》2.16.1884。

13 見《反雜學家》9.92–104。

14 塞涅卡(Seneca, 約公元前4–前65)，古羅馬哲學家、政治家、雄辯家

然赴死的。根據公元一世紀到二世紀的作家愛比克泰德(Epictetus)的觀點，蘇格拉底是最傑出的聖賢，他將蘇格拉底的影響概括為「雖然他已去世，但他在世時的言行同樣會使世人受益，甚至帶給人們更多的教誨」。[15]

　　古代的哲學懷疑主義有兩個主要的思想傳統，這就是皮浪派的懷疑主義和學園派的懷疑主義。皮浪學派的開山始祖要追溯到公元四世紀來自埃利斯的皮浪(Pyrrho of Elis)，他像蘇格拉底一樣，沒有寫下任何東西，也是一個神秘人物。沒有確定的證據表明，這個學派的信徒把蘇格拉底也看作是一個懷疑主義者。塞克斯都·恩披里柯的著作是我們瞭解皮浪學派懷疑主義的主要原始資料。在他的作品中，蘇格拉底一直被列入到教條主義者的名單中。教條主義者就是那些堅持某些絕對的信條，反對懷疑主義者對於所有問題不作判斷的立場。他僅僅有一次提到[16]蘇格拉底沒有作任何判斷。這就是蘇格拉底在《斐德羅篇》(230a)以諷刺的口吻說到，他非但沒有一種自我認識，就連自己到底是人還是群氓都完全弄不清楚。對於學園派來說，情況就完全不一樣。學園派是柏拉圖自己創立的

和悲劇作家。公元65年，由於受到政敵指控參與政治陰謀而被勒令自盡。——譯注

15　《談話錄》4.1.169。

16　見《反雜學家》7.264。

學派，在阿爾凱西勞(Arcesilaus)的領導下，該學派在其創立一個世紀之後就信奉了懷疑主義，並作為一個懷疑主義學派延續了兩百多年。直到在阿斯卡隆的安條克(Antiochus of Ascalon)的領導下，該學派才改信教條主義。阿爾凱西勞聲稱，他信奉懷疑主義，但仍然忠於蘇格拉底和柏拉圖的精神，因為在他看來，這兩位先輩的哲學實踐本就是懷疑主義的而不是教條主義的。

西塞羅的作品也是我們主要的資料來源。他在其著作中指出，阿爾凱西勞把蘇格拉底的辯論活動看作是僅僅為了批駁他人、攻擊他人的活動；蘇格拉底並沒有自己的信條，他只是去質問和反駁別人的思想。在對話中，我們確實發現，蘇格拉底在許多地方通過揭示對話者思想的前後矛盾而使他們陷入困境。阿爾凱西勞解釋說，這個結果正好說明了蘇格拉底持有懷疑主義的基本立場，即他認為感覺或思想都不能把握住任何確定的東西[17]。阿爾凱西勞認為蘇格拉底的論點存在着悖論，因為蘇格拉底說，他除了知道自己無知以外就什麼也不知道[18]。他批評蘇格拉底不應該斷言，自己知道自己是無知的。

我們前面的論述已清楚地表明，阿爾凱西勞的闡釋確實抓住了蘇格拉底對話活動中的一些要點，只是

17　見《論演說術》3.67和《論目的》2.2, 5.10。
18　見《學園派》1.45, 2.74。

這種闡釋過於片面。蘇格拉底承認自己無知，否認擁有智慧或專業知識，但他同時也聲稱：他從普通人的角度可以知道一些事情；有些人從專家角度也可以知道一些事情，這與他承認自己無知其實並不矛盾。他從來沒有說過他是一無所知的，他也從來沒有說過他是知道自己是無知的。他質問他人，但通常都得不到令人滿意的結果，他並沒有因此而得出一個普遍性的論點說，感覺或思想都不能把握住任何確定的東西。相反，蘇格拉底認為知識與德性是同一的。質問的否定性結果可以刺激人們對問題的深入思考。當然，知識探索中的這種懷疑態度與懷疑主義是可以完全相容的。一個懷疑論者當然是一個探求者，在其不懈的知識探求中，他的懷疑論態度會使他不斷地推翻自己的結論。但是，儘管懷疑論者強調要不斷地去探求知識，但他們最終對人類的認識能力還是持一種悲觀主義的態度。按照阿爾凱西勞的說法，「用思想或是感覺都不能抓住任何確定的東西」。懷疑主義者之所以有這種觀點，並不僅僅因為，到目前為止，任何對知識的探求都沒有得到確定的結果，還因為懷疑論者事先就相信，任何時候都會是這樣的結果，而且還運用那些矛盾的事例或論據來證明他們的主張。但在柏拉圖的描述中，蘇格拉底身上就沒有一點悲觀主義的色彩。

當然後來的哲學家並不都認同蘇格拉底的觀點。

一些亞里士多德的後繼者就對蘇格拉底持反對態度，特別出名的是阿里斯托依努斯，他就是說蘇格拉底犯有重婚罪的始作俑者。這個說法當然遭到了斯多葛學派成員帕奈提烏(Panaetius)的反駁。對蘇格拉底的攻擊最不遺餘力的要算是伊壁鳩魯派的人。對於那些不屬自己學派的哲學家們惡言謾罵，是伊壁鳩魯學派的一貫傳統，對蘇格拉底也不例外。連續幾代伊壁鳩魯派信徒都對蘇格拉底出言不遜。他們中間最有代表性的是普盧塔克引證過的克羅特斯(Colotes)的評論。這位伊壁鳩魯主義者把卡厄里芬去求神諭的故事看作是一個「智者派蹩腳的謊言」[19]，他認為蘇格拉底的辯論完全就是自吹自擂或者就是江湖騙術，因為他的言行從來都不一致[20]。伊壁鳩魯學派將斯多葛學派和懷疑主義的學園派看作是職業上的競爭對手，他們之所以對蘇格拉底懷有敵意似乎有部分原因在於這兩個學派都很看重他。

其實不只是異教哲學家喜歡把蘇格拉底看作是他們的思想先驅。公元二世紀基督教教義辯護文作者查斯丁[21]也以蘇格拉底為例，來反駁有些人提出的基督

19　見《反克羅特斯》116e–f。

20　見《反克羅特斯》1117d，這裏克羅特斯大概想到了蘇格拉底有時帶着諷刺的口氣在那裏誇獎他的對話者。

21　查斯丁(Justin, 約公元100–165)，基督教早期教父。他率先將基督教教義與希臘哲學結合起來，代表作有《第一護教文》和《與猶太人特里風談話錄》。——譯注

徒有無神論思想的指控。他指出，像基督徒一樣，蘇格拉底也被指控有無神論傾向，因為蘇格拉底拒絕承認奧林匹亞眾神祇的神話而竭力主張崇拜一個唯一的真神。其實，蘇格拉底已經對基督的啟示有了一定的領會，因為儘管哲學家們掌握的真理有限，他們的思想有許多謬誤矛盾之處，但「他們思想中的合理之處都屬我們基督教徒所有」。

中世紀和近代哲學

儘管查斯丁如此明確地將蘇格拉底基督教化，但他並不是將蘇格拉底基督教化這一傳統的始作俑者。雖然奧古斯丁受柏拉圖的影響很大，他甚至認為柏拉圖可能知道《舊約》，但他並不像查斯丁那樣斷定蘇格拉底是贊同基督教的。有些基督教作家稱讚蘇格拉底是一個虔誠之人卻受到不公正的死刑判決，而絕大多數的基督教作家提到蘇格拉底時，卻會指責他的「偶像崇拜」，並且舉出他所講的神示(按照德爾圖良[22]等人的解釋，這種神示是由一個精靈來傳遞的)，以及他向藥神阿斯克勒庇俄斯的獻祭和他「對狗發誓」的那些誓言等。柏拉圖哲學傳統的影響一直

---

22 德爾圖良(Tertullian，約公元160–220)，基督教神學家。用拉丁語寫作，使得拉丁語成為基督教會的基本語言和傳播工具，代表作有《護教篇》等。——譯注

圖9 聖奧爾本斯的修士馬修·帕里斯（卒於1259年）為一本名為《先師蘇格拉底的預言》的算命書所畫的扉頁插圖。兩眼圓睜的「柏拉圖」在口述他的思想，而「蘇格拉底」在記錄這些思想，這顯然是把他們的名字弄顛倒了。這幅插圖被印在德里達的著作《名信片》上。

持續到中世紀早期，這一時期的人們主要關注柏拉圖的晚期作品，特別是他的《蒂邁歐篇》。在這些晚期對話作品中，蘇格拉底性格已無關緊要。從12世紀開始，柏拉圖在西方世界的影響日漸消退，取而代之的是亞里士多德。中世紀主要的哲學家對蘇格拉底都沒有什麼興趣，一直到15世紀後期，隨着柏拉圖主義的復興，人們才重新對蘇格拉底產生了興趣。作為新柏拉圖主義者綱領的一個組成部分，柏拉圖主義被解釋成一種用寓言來表達的基督教真理。我們看到佛羅倫薩人馬爾西利奧·菲奇洛(Marsilio Ficino)對蘇格拉底和耶穌所遭受的審判和死刑作了一個詳細比較，發現兩者有許多相似之處。這一比較傳統為伊拉斯謨(Erasmus，在他所寫的人物對話中就有「聖哲蘇格拉底，請為我們祈禱吧」這樣的表白)所延續，他將接受死刑於監獄中的蘇格拉底比作蒙難於格斯馬尼花園的耶穌。(在隨後的幾個世紀中，這種比較始終沒有中斷，如18世紀的狄德羅[Diderot]和盧梭[Rousseau，當然還有其他人]以及19世紀的許多作家，他們所作的比較顯然是為了配合他們自己特有的宗教信仰。)如同在古代世界一樣，在近現代，蘇格拉底的形象也被彼此對立的意識形態所利用。在16世紀的法國人蒙田(Montaigne)看來，蘇格拉底不是一個耶穌式的人物，而是一個遵循自然德性和智慧的典範；對於古代人描述的蘇格拉底的超自然力量，特別是他所說的神示，

其實都可以用自然主義的術語來加以解釋；神示或許就是一種直覺的、非理性的判斷力，而這種判斷力得自於他固有的智慧和德性。在17和18世紀，理性主義的宗教觀發展起來，它拒絕神示的內容，反對因其解釋的爭議而引發的宗教狂熱，因而那時的人把蘇格拉底看作是死在宗教狂熱者手中的理性宗教的殉難者。正是在這種思想背景下，伏爾泰(Voltaire)創作了一部關於蘇格拉底之死的戲劇，自然神論者[23]（或稱理神論者）約翰·托蘭德(John Toland)為一個「蘇格拉底兄弟會」制定了一套敬神的禮拜儀式，其中包括一篇祈禱文，他也採用伊拉斯謨的做法來祈求蘇格拉底的保佑。

如同在古代世界一樣，近現代也有反對蘇格拉底的聲音。有些作者批評蘇格拉底的道德品行，說他有同性戀傾向，置自己的妻兒於不顧。包括伏爾泰在內的一些批評家都認為，蘇格拉底的神示就是一種令人遺憾的迷信行為。18世紀還出現了一批著作，自近代以來，第一次重申了古代的一個觀點。這種觀點認為蘇格拉底受到指控是由於政治上的原因，他之所以被判死刑是因為他反對雅典的民主政體以及他與克里底亞和阿爾西比亞德斯之間的朋友關係。(這種解釋方式一直延續到今天，例如斯東[I. F. Stone]那本很受歡迎的

23　自然神論者(Deist)，一種非正統的宗教信仰者，強調宗教知識可以通過理性的方式來獲得，主張容忍不同宗教的教義和儀式，注重人生的道德修養。——譯注

《蘇格拉底的審判》就是這樣解釋的。)有些正統的基督教作家拒絕承認蘇格拉底和耶穌之間的相似性，除了已經提到的指責蘇格拉底迷信和不道德之外，他們還宣稱，蘇格拉底其實是因自殺而身亡的。

　　蘇格拉底在異族文化中充滿矛盾的遭遇也體現在了中世紀阿拉伯的文獻中。除了柏拉圖和亞里士多德之外，蘇格拉底是阿拉伯學者提得最多的哲學家，不僅僅是阿拉伯的哲學家對蘇格拉底感興趣，就是阿拉伯的詩人、神學家、神秘主義者以及其他學者對蘇格拉底也很感興趣。當然阿拉伯學者的這種興趣並不是建立在對於古希臘相關文獻的廣泛瞭解的基礎上。儘管他們都非常熟悉有關蘇格拉底被判死刑的那些對話作品，特別是柏拉圖的《斐多篇》和《克力同篇》，但是對柏拉圖其他的對話作品卻不甚瞭解，對其他相關的蘇格拉底文獻就更是聞所未聞。然而阿拉伯學者普遍對記錄有蘇格拉底言論的那些軼事錄感興趣，就像第歐根尼·拉爾修和其他傳記和說教作家所記錄下來的那些有關蘇格拉底的趣聞軼事。這種記錄往往將蘇格拉底描述成一個聖人，「七根智慧的棟樑」之一（即「七賢」之一），他是道德的楷模，美德的化身，智慧的源泉，通曉人世、時間和上帝。他一直被看作是維護一神教神學和新柏拉圖主義的英雄，他之所以被判處死刑，正是因為他反對偶像崇拜，堅信唯一真神。這樣他就被當作是伊斯蘭教聖賢的先行者（正如在

西方世界他被看作是第一個基督徒一樣），他被描寫成一個在伊斯蘭教國家能像亞伯拉罕（Abraham）、耶穌，甚至穆罕默德（the Prophet）那樣受到尊敬的人物。有些作品將他描寫成一個苦行者，有時甚至說那個住在木桶裏，讓亞歷山大大帝走開不要擋着他曬太陽的人就是蘇格拉底。這明顯將他與犬儒學派的信徒弄混淆了，尤其是第歐根尼。另外一些作品將他視為煉金術之父，或是邏輯學、數學和物理學的開創者。然而，如同在西方世界一樣，有些正統的宗教信仰者出於宗教的理由對蘇格拉底受到的這種普遍讚譽提出了質疑（例如生活在11和12世紀的伊斯蘭教神學家加扎利[al-Ghazali]），他們認為蘇格拉底是各種異端學說的始作俑者，是伊斯蘭教的一大威脅，有人甚至說他是一個無神論者。

利用蘇格拉底來迎合自己的先入之見，這一傳統源遠流長，經久不斷。黑格爾（Hegel）、克爾凱戈爾（Kierkegaard）和尼采（Nietzsche）三位19世紀重要的哲學家，也是完全按照自己的先入之見來理解蘇格拉底的。在首次發表於1805至1806年間的《哲學史講演錄》中，黑格爾認為蘇格拉底被判死刑是因兩種合理的道德觀之間的衝突而產生的一種悲劇性的結果，是世界精神辯證地上升到一個更高層次的必要階段。在蘇格拉底出現以前，雅典人都是自發地、不加思考地服從客觀道德的要求。通過批判地考察人們的道德觀

念，蘇格拉底將道德變成了某種個人的和值得反思的東西。這種新道德觀要求每個人對其道德原則進行批判性的審視。然而由於蘇格拉底未能對德性作出任何肯定的論述，使得這種批判性審視的後果僅僅破壞了客觀道德的權威性。蘇格拉底的批判性審視表明，客觀道德所宣稱的普遍道德法則往往會遇到特殊的情形，由於缺乏相應的標準，使得個人在一些特定情形下無法判斷對錯，而只好訴諸於自己的良知或內心啟示。蘇格拉底的內心啟示就是他所謂的「神示」。

蘇格拉底訴諸於他的內心啟示，他事實上是在訴諸於一個高於集體道德感的權威，人們是不會接受他的訴求的：

> 雅典人民的精神本身、它的法則、它的整個生活，是建立在倫理上面，建立在宗教上面，建立在一種自在自為的、固定的、堅固的東西上面。蘇格拉底現在把真理放在內在意識的決定裏面；因此他與雅典人民所認為的公正和真理發生對立。因此他是有理由被控告的。[24]

這樣，個人的良知與雅典國家之間的衝突便不可避免，因為兩者都強調自己才是最高的道德權威。同時

---

24 譯文引用和參考了賀麟和王太慶譯的《哲學史講演錄》，商務印書館，1960年，第二卷，90頁。

兩者的衝突又是悲劇性的，因為兩者都自有其道理：

> 真正的悲劇是兩種公正的道德力量之間所發生的必
> 然衝突；這就是蘇格拉底個人遭遇到的命運。一
> 種力量是自然道德的神聖公正性，其法律就是那種
> 體現為本質的自由和崇高的意志；我們可以稱它是
> 一種抽象的客觀的自由。相反，另一種力量是意識
> 的或者主觀自由的神聖公正性：這是由善惡知識之
> 樹，也就是自行建立的理性結出的果實；它是所有
> 相連時代的普遍原則。正是這兩種力量在蘇格拉底
> 的生活和哲學中產生了衝突。[25]

這種情況之所以是悲劇性的是因為，雅典人民的
集體道德和個人良知都對蘇格拉底提出了合理、強
制、但卻是相互衝突的要求。唯一的解決辦法就是等
待人類發展到兩者的要求趨於一致的這樣一個階段。
像蘇格拉底這樣不遵守集體道德規範的人必將遭受挫
折，但是這種挫折將導致「虛假個體性」所代表的世
界精神的干預性活動的勝利：

> 個體性的虛假形式被剝去了，而且用的是強制的方
> 式，是用刑罰來進行的。這個原則以後上升到了它的

25　見《哲學史講演錄》，賀麟、王太慶譯，商務印書館，1960年，第二
　　卷，106頁。

世界精神的形式。這個原則的真正方式是一種普遍的方式，正如它以後所採取的那樣；其中的錯誤之處在於這個原則僅僅作為一個個人的所有物而出現。[26]

顯然蘇格拉底的審判起因於集體的合法要求（客觀道德）和個人道德行為（主觀道德）之間的衝突，它反過來也反映了人類發展的一個特定階段。在這個特定的發展階段，集體和個人是分離的，因而會發生相互的衝突。這個階段將要被一個更高的發展階段所超越，那時個人和集體以某種方式成為一體，但不是使一方屈從於另一方，也不是將個人完全融入到集體中，而是發展出一個更高形式的個體性，這種個體性可以在集體中發揮其應有的作用。

克爾凱戈爾在其早期作品《反諷的概念——關於蘇格拉底的系列評論》中，詳盡地討論了蘇格拉底的生平學說。這部作品是他於1841年提交給哥本哈根大學的碩士論文。在這之前，他剛剛與雷吉娜·奧爾森（Regine Olsen）解除了婚約，經歷了一場人生的危機，（他的論文評閱人報告至今還保留在哥本哈根大學，這份報告有趣地描述了學院派人士與一個狂傲天才之間的對峙）。克爾凱戈爾對蘇格拉底的理解完全是黑格爾式的：同黑格爾一樣，他認為蘇格拉底正處在世界精神向更高階段發展的一個世界歷史的轉折點上，要

---

26 同上書，104頁。

實現突破，個體就必須作出犧牲。「一個人可以被世界歷史證明是對的，但他仍然得不到他那個時代的認可。因為他得不到認可，他就只能成為一個犧牲品；又因為他後來可以得到世界歷史發展的認可，所以他又一定會獲勝，也就是說他必須通過成為一個犧牲品來取勝」。[27] 同黑格爾的主張一樣，克爾凱戈爾也認為蘇格拉底的作用就是將希臘人的道德觀念引向一個更高的發展階段；他獨創的引導方式就是用反諷這個手段來推動這種道德觀念的轉變。傳統的希臘精神已經失去了活力，它需要一種新的原則來清除過時的道德觀念的所有偏見。這就是蘇格拉底的作用，他使用的武器就是反諷：

> 反諷是一把劍，一把雙刃劍，蘇格拉底就像是一個復仇的天使向希臘人揮舞着他手中的劍……反諷完全是主觀性的煽動，在蘇格拉底身上反諷就是一種真正的有世界歷史意識的激情。對於蘇格拉底來說，一個舊過程結束了，一個新過程又開始了。他是最後一位古典時代的代表人物，但是他要服從於神靈的召喚去毀滅他身上的純正性和完美性，以此來摧毀古典主義。[28]

---

27 此處及以下引文都是根據原書的英譯本譯出。見克爾凱戈爾：《反諷的概念——關於蘇格拉底的系列評論》（普林斯頓，1989），260頁。

28 克爾凱戈爾：《反諷的概念》，211頁。

克爾凱戈爾並不認為反諷是假裝的無知，或者是假裝對別人的遵從。嚴格按照字面意義來解釋的話，「反諷」就是一種「無限的和絕對的否定性」，這裏是借用了黑格爾的觀點。這等於說在一個辯證的發展過程中，低級階段的消失是為了迎接高級階段的到來。克爾凱戈爾列舉了猶太教被基督教所取代的事例，在這個過程中，施洗者約翰(John the Baptist)也發揮了同蘇格拉底一樣的「反諷」作用：「他(即約翰)讓猶太教繼續存在，同時又在其中播下了使其毀滅的種子」。[29] 但是在蘇格拉底與施洗者約翰之間有着重要的區別，因為後者缺乏對他反諷行為的自覺意識：

> 因為反諷的形成需要不斷地完善，它需要實施反諷的主體有反諷的意識，當他評判既定的現實存在的時候，他能夠感到一種否定的自由，並且享受着這種否定的自由。[30]

蘇格拉底感受到了否定的自由，他第一個將反諷展現為「一種主觀性的特徵」：

> 如果反諷是主觀性的特徵，它必須首先展現自身，讓主觀性出現在世界歷史中。也就是說反諷是最初

29　同上書，268頁。
30　同上書，212頁。

級的和最抽象的主觀性特徵。正是在歷史的轉折點上，主觀性第一次出現在世界歷史中，這就是我們在蘇格拉底身上所看到的情形。[31]

　　蘇格拉底對道德觀念的發展所做出的貢獻，在於他能夠有意識地拒絕以往所有道德規範的權威性，同時又能意識到自己的自由。原有道德規範所謂的客觀權威性被個人的道德主觀性取代。這樣，反諷導致的不是道德的虛無主義，而是道德的主觀主義。通常來講，反諷的含義有兩種：首先按照克爾凱戈爾的觀點，反諷就是蘇格拉底的假裝無知。這是蘇格拉底使用的一種策略，旨在對傳統道德觀念進行徹底的批判；其次，愛用反語挖苦的蘇格拉底不再對傳統道德頂禮膜拜。他之所以無視傳統道德，那是因為他破除了這種道德的客觀性。但是，他之所以輕視他自行接受的道德觀念，那是因為他認為，這種接受就如同任意給自己規定的任務一樣，有點像是一個人因為喜歡而養成的一種癖好[32]。為什麼蘇格拉底沒有簡單地將傳統道德和主觀道德一併放棄？克爾凱戈爾對這一問題也沒有給出任何答案。根據他的觀點，蘇格拉底已經提出了「真善美的觀念，以此作為實現可能的理想世

31　同上書，281頁。
32　同上書，235頁。

界的界限」[33]，這裏似乎暗示着存在一個更高的階段，道德的主觀主義將被超越。在這本書中[34]，克爾凱戈爾還就蘇格拉底對他朋友產生的神奇作用和耶穌向他信徒傳授聖靈進行了一番比較，這個比較指向了克爾凱戈爾在其後期著作中提出的作為更高發展階段的信仰飛躍，當然這種信仰飛躍在本書中還僅僅有所暗示而已。

在《最後的非科學性的附言》（1846）一書中，克爾凱戈爾將這個暗示進一步明晰化，蘇格拉底作為基督教思想先驅的傳統形象帶有了明顯的個人色彩。基督教的本質在書中被看作是主觀性的。從思辨哲學的客觀立場來看，基督教是一種荒謬的信念，因為信奉基督教僅僅依賴於那種個人無法判定的信仰飛躍，而且這種信仰飛躍是不能為抽象的概念體系所接受的，因為它是一種個人獻身的生活方式而已。這種個人的獻身超越了客觀的知識，在克爾凱戈爾看來，這就通向了一種真理的獨特形式：

> 一種客觀的不確定性就固着在充滿了激情的精神變化過程中，這就是真理，這就是一個生存個體所能夠達到的最高真理……上面這個真理的定義也就是信仰的定義。沒有經歷過冒險，就不會有信仰。信仰正好就是個體精神的無限激情與客觀不確定性之

33　同上書，197頁。

34　同上書，29頁。

間的矛盾。如果我能夠客觀地去理解上帝，我就不會去相信上帝的存在，正是因為我不能夠客觀地去理解上帝，所以我必須相信上帝的存在。如果我希望一直保持信仰，我就必須不斷地抓住這種客觀的不確定性，以致使自己深入到7萬英尋的水底來保持自己的信仰。[35]

在對道德的個人堅守中，蘇格拉底接近了這個真理，以致他差不多被看作是一個異教徒：

真理的本質就是主觀性和精神性，這也就是蘇格拉底的智慧，它的永久價值就是使我們認識到存在的基本意義，其實認識者就是一個生存個體。蘇格拉底因為他的無知而顯示了這個真理，就其最主要的意義來講，這屬異教徒的信仰。[36]

克爾凱戈爾是想把蘇格拉底不僅當作是道德的個人獻身者，而且還把他看作是上帝的個人信仰者。這種信仰確實預示了後來的基督教的信仰，只是還缺乏深刻的悖論性：

---

35 克爾凱戈爾：《最後的非科學性的附言》（普林斯頓，1941），182頁。
36 同上書，183頁。

當蘇格拉底相信有上帝存在的時候，他全部的思想激情都指向客觀的不確定性，信仰正是植根於這種矛盾和冒險之中的。現在不同的是，確定性取代了客觀的不確定性。客觀地講，確定性也是荒謬的；這種荒謬由思想激情所堅守，便成為了信仰。與面對荒謬的那種嚴肅相比較，蘇格拉底的無知就像是一種詼諧的嘲笑；與信仰的那種嚴肅緊張相比較，蘇格拉底式的存在主義精神就像是古希臘人輕浮的思想。[37]

蘇格拉底將上帝存在的主觀信仰與事物的客觀真理結合起來之後還是搖擺不定。在某種程度上他還處於思想的困惑之中，這也就是基督教徒內心的精神痛苦，他要為之獻身的那些客觀真理也是沒有什麼理性可言的。

在尼采看來，他對蘇格拉底的感情充滿了難以解開的矛盾，就像他對耶穌和瓦格納[38]的感情一樣，正如他自己所說：「蘇格拉底與我是如此的親近，使得我要永遠與他搏鬥」。尼采的這種矛盾感情是用不同的口氣表達出來的，有時是在不同的作品中，有時又

---

37 克爾凱戈爾：《最後的非科學性的附言》，188頁。
38 瓦格納（W. R. Wagner, 1813–1883），德國作曲家，「樂劇」的創始人，畢生創作了大量的歌劇作品，著名的有《尼伯龍根的指環》《漂泊的荷蘭人》《紐倫堡名歌手》等。——譯注

是在同一部作品的不同地方。在他發表的第一部作品《悲劇的誕生》(1872)裏面，尼采表達了他對蘇格拉底的這種矛盾感情。這部作品的中心論點是希臘悲劇產生於古希臘兩種對立的創造性力量的相互作用之中，尼采認為阿波羅神和狄奧尼索斯神[39]正是這兩種力量的代表。荷馬在他的作品中充分地描述了阿波羅神性格的傾向，按照荷馬的描述，這種傾向與夢境難分難解，它展現的似乎就是一個想像的世界，就像是荷馬的那個充滿理智而又令人愉快的眾神世界一樣。狄奧尼索斯性格的傾向類似於酒醉的狂喜，它要表現的是那些強烈的和無法控制的衝動，尤其是性慾和暴力的衝動。這些衝動在傳統宗教節日的場合可以得到表達。古希臘人的獨創就是發展了戲劇節的形式，將阿波羅神的幻想與狄奧尼索斯的狂喜結合到一個獨特的綜合體中而創立了悲劇這種藝術形式。在阿提卡式的悲劇中，阿波羅神的部分與幾個對話情節完全聯繫起來，狄奧尼索斯神的部分則與合唱結合在一起，但是我們不要以為這種綜合是一種簡單的並列。恰恰相反(雖然尼采作品的晦澀帶來了解釋上的風險)，尼采認為悲劇的世界既是黑暗可怕的，就像狄奧尼索斯代表的力量一樣，同時又是理智快樂的，帶着一些

39　阿波羅(Apollo)，古希臘羅馬神話中所稱的太陽神，他是陽光、智慧、預言、音樂、詩歌、醫藥、男性美等的保護神；狄奧尼索斯(Dionysus)，希臘神話中的酒神。——譯注

神秘，就像陽光普照的荷馬的神靈世界一樣。「史詩——阿波羅神的力量是如此地令人驚奇，它在我們眼前用表面的快樂將最可怕的東西化為幻境，並通過幻境而得到解脫」。[40]

這種綜合在埃斯庫羅斯[41]和索福克勒斯的戲劇作品裏達到了高潮，但在歐里庇得斯的作品裏卻消失了。歐里庇得斯的悲劇是一種退化的悲劇形式，其顯著特徵就是對人物的現實主義刻劃，使它更接近新喜劇的世界而不是埃斯庫羅斯和索福克勒斯那種可怕而又充滿理想的世界。尼采針對歐里庇得斯的變化有一個評價，他認為是歐里庇得斯：

> 將觀眾帶到了舞臺上面……因為歐里庇得斯的緣故，凡夫俗子們從觀眾席上擠到了舞臺上面；以前只是表現偉大勇敢品質的鏡子，現在卻顯示出令人煩惱的真實，而且還故意展現自然的混亂樣子。[42]

這樣蘇格拉底就登場了。尼采以他個人的方式重提當時的傳說，強調蘇格拉底與歐里庇得斯的密切聯

40　據原書英譯本譯出。尼采：《悲劇的誕生》（紐約，1967），12頁。

41　埃斯庫羅斯(Aeschylus, 約公元前525–前456)，古希臘三大悲劇作家之一，據說創作了80餘個劇本，現存《被縛的普羅米修斯》和《阿伽門農》等。——譯注

42　譯文參考了周國平譯《悲劇的誕生》，三聯書店，1986，45頁。

繫[43]，認為蘇格拉底對悲劇的衰退產生了決定性的影響。在他看來，正是歐里庇得斯使悲劇的衰退成為了現實。

當然，這種影響的確切方式在尼采的散文作品中是不容易被發現的。他認為歐里庇得斯僅僅是一個面具，借他之口說話的是一種通達神意的超凡力量，這個神力既不是狄奧尼索斯也不是阿波羅，而是蘇格拉底。[44] 尼采似乎在暗示，歐里庇得斯的現實主義是建立在心理自然主義基礎之上的。他的戲劇人物在舞臺上所遵循的行為心理原則，同我們用來解釋日常生活中人們實際行為的心理原則是一樣的。尼采將其稱之為「審美的蘇格拉底主義」，它的最高原則大體可以解釋為「美的就是可理解的」，這正好與蘇格拉底的格言「知識即德性」[45] 互為補充。「蘇格拉底主義」似乎就是一種自然主義式的理性精神的代名詞，它試圖採用解釋和批評的方法來馴服那些在埃斯庫羅斯和索福克勒斯悲劇中得到稱頌的可怕力量。

蘇格拉底主義譴責當時流行的藝術和道德。蘇格拉底主義以其挑剔的眼光發現它們缺少真知和充斥

---

43 見第歐根尼・拉爾修 2.18。

44 此處及以下譯文均根據尼采著作的英譯本譯出。見尼采：《悲劇的誕生》（紐約，1967），12頁。

45 同上書，11頁。

着幻想；由於缺少真知也就意味着要出現那些十分荒唐和墮落的事情。正是基於這樣的觀點，蘇格拉底相信他有責任去糾正人生：他獨自一人，孤芳自賞，作為一種截然不同的文化、藝術和道德的先驅者，他走進了一個世界，其觸及到的那些問題將會給我們帶來最大的幸福。[46]

「審美的蘇格拉底主義」似乎將理智主義擴展到了藝術領域，而柏拉圖筆下的蘇格拉底試圖將其運用到日常行為上面。在柏拉圖筆下的蘇格拉底看來，德性就是知識，德性足以保證我們得到幸福；可以說正確的人生是依靠理智來實現的，而錯誤的人生是因為缺乏理智造成的。正如柏拉圖筆下的蘇格拉底否定了人身上非理性因素的積極作用，神秘的力量和理性不能捕捉的東西在蘇格拉底式的藝術那裏也沒有一席之地。但是，悲劇自身的力量和深邃正是來自於它與理論的對抗。悲劇所探究的力量超出了心理理解的範圍，它所展現出來的人生困境是道德理論的力量也不可能解決的。因此，蘇格拉底主義代表了一種精神的極度貧乏，尼采借用了「頹廢」一詞來稱呼這種精神的貧乏(這裏他用了法文詞 décadence)。

對「頹廢」一詞的使用反映了尼采對蘇格拉底的矛盾態度。《悲劇的誕生》一書中彌漫着尼采的一種

46　同上書，13頁。

感受，他把蘇格拉底看作是具有超人品質的獨特個體，「是一個能夠用知識和理性來擺脫死亡恐懼的人」[47]，也是一個體現了探索精神的超越性力量的人。「蘇格拉底自省的快樂」可以改變一個人對於整個世界的態度：

> 柏拉圖筆下的蘇格拉底看來就是一個在傳授一種全新的「希臘人的快樂」和確認幸福生活的導師，他力求在日常行為中對優秀青年實施他的思想助產術和教育的薰陶，指望從中培養出一個天才來。[48]
>
> 這樣我們就不得不把蘇格拉底看作是所謂世界歷史的轉折點和旋風中心了。[49]

蘇格拉底成為了科學精神的化身，這種精神導致了近代科學的最高成就，而人類的生存離不開這些科學成就。但是與此同時，尼采認為這種蘇格拉底式的樂觀主義，這種以為知識的力量可以解決一切人類和自然問題的信念，不僅是一種根深蒂固的謬見，而且還是一種精神衰退的症狀。在《悲劇的誕生》的後面部分，尼采的這個觀點得到了激烈的表達：

47　同上書，15頁。
48　同上書，15頁。
49　同上書，15頁。

對於這種本質已經退化的音樂〔即新阿提卡頌歌，這是在公元前五世紀後期出現的一種音樂形式〕，真正的音樂天才只有厭惡和拒絕，就像他們厭惡蘇格拉底毀滅藝術的傾向一樣。阿里斯托芬準確的直覺完全是有道理的，他對蘇格拉底本人、歐里庇得斯的悲劇和新頌歌詩人的音樂抱著同樣的拒斥態度，他在這所有的3種現象中看到了一種文化衰退的徵兆。[50]

一個人只要被蘇格拉底式的求知慾束縛住，他就會妄想用知識來治癒永恆的生存創傷。[51]

在這個部分的後面，尼采接著談到現代世界被亞歷山大派（即缺乏創造的和學究式的）文化所困擾，這種文化把為科學效力的理論家當作它的代表人物，其原型就是蘇格拉底，而蘇格拉底式文化的成果就是那種「妄想擁有無限力量的樂觀主義」。在《悲劇的誕生》發表14年後又出了第二版，尼采借此附加了「作為一個自我批評的嘗試」的章節，這裏他又回到了同樣的主題：「正是由於道德上的蘇格拉底主義，由於辯證法，由於理論家的簡樸和快樂而導致了悲劇的消亡……這種蘇格拉底主義難道不是沒落、萎靡、腐化的標誌嗎？難道不是本能失調而走向衰微的標誌嗎？」[52]

50　同上書，17頁。
51　同上書，18頁。
52　同上書，1頁。

在他的後期作品中，尤其是在他最後精神崩潰之前的1888年所寫的那些作品中，尼采的口氣更加尖刻。他在這些作品中就把自己等同於狄奧尼索斯的力量，在他看來，蘇格拉底拒絕狄奧尼索斯的力量，實際上就是對人性的一種拒絕，他對此有着十分激烈的反應。在《瞧！這個人》一書論及《悲劇的誕生》的章節部分，尼采說到他的這本書有兩個創新之處。首先是他認識到狄奧尼索斯現象是「整個希臘藝術的唯一基礎」；其次是他「對於蘇格拉底主義的認識：是他第一次發現蘇格拉底要為希臘的衰落負責，並把蘇格拉底看作是一個頹廢者的典型」。他接着說，「我是第一個看到」：

> 一種真正的對立 —— 一方是以隱蔽的復仇欲望來面對生命的那種墮落本能，另一方是產生於旺盛生命力而毫無保留的接受痛苦甚至罪惡的最高的生命肯定……這種最根本的、最快樂的、最自由的、最縱情的生命肯定，不僅是最高的洞見，而且也是最為深刻的洞見，這種洞見得到了真理和知識的最嚴格的證實和肯定……承認現實和肯定現實，對於強者來說是絕對需要的，就像弱者因懦弱變得膽小而需要逃避現實一樣 —— 逃避是弱者的「理想」……他們不會自由地去認識：頹廢者需要的是謊言 —— 這是他們的一個生存手段 —— 對於一個不僅理解「狄奧尼索斯」的詞義，

而且還按照這個詞義來理解自己的人來說，他根本不需要去反駁柏拉圖、基督教、叔本華——因為他能夠聞出他們所散發出來的腐敗氣味。[53]

尼采的《偶像的黃昏》寫於1888年初，他在這本書論及蘇格拉底的文章裏使用了「疾病」和「腐敗」這樣的詞語。尼采就蘇格拉底的遺言首先進行攻擊。按照他的解釋，蘇格拉底的遺言表達了對從生命的疾苦中得到解脫的感激之情。這個遺言所表達出來的厭世傾向，正是蘇格拉底以及那些將道德和價值理論化的所謂聖人們患有的疾病。

不管怎麼說他們肯定是患上了某種疾病——這就是我們的答覆：一個人應該走近去觀察他們，這是一些歷史上最聰明的人！……是不是出現在地球上的智慧就如同一隻渡鴉，需要聞到腐肉的味道才會興奮呢？[54]

蘇格拉底和柏拉圖是「衰退的徵兆……是希臘走向崩潰的代表……是偽希臘人……是反希臘人的代表」，在他們的理論中包含着一種否定生命的態度。這種態度與狄奧尼索斯對生命的勝利似的肯定態度是對立的，而尼采恰恰把狄奧尼索斯與自己劃上了等號。

53 尼采：《瞧！這個人》（哈莫斯沃，1990），80頁。
54 尼采：《偶像的黃昏》（哈莫斯沃，1990），39頁。

尼采並沒有止於把蘇格拉底描繪成一個典型的(也許是原型的)頹廢者;在其中令人驚訝的五個分節中(3–7),尼采還就蘇格拉底的個人品質進行了猛烈的攻擊。他的措詞甚至帶有反猶主義的那種令人討厭的自命不凡的口氣。在他看來,蘇格拉底屬社會的最低階層:他是一個下等人。他的醜陋就是一種無恥放蕩的性格的標誌。他甚至懷疑蘇格拉底到底是不是一個希臘人。辯證法是一種惡毒的發明,它使得下等人能夠打敗比他們優秀的人,即打敗那些趣味優雅和行為得體的人。辯證法是那些沒有其他防衛力量的人手中最後的武器。(這就是為什麼猶太人都是辯證論者的緣故。)蘇格拉底裝得一本正經的樣子,但其實不過是個滑稽的小丑罷了。

在知道尼采寫作此書時已經臨近精神崩潰的情況下來讀這些評論,我們可以把這些評論看作是病態的胡言亂語而不用去理會。然而,即使這些評論是如此的猛烈和病態,但還是表現了尼采內心深處對於蘇格拉底的矛盾態度。在該書的第8節中,尼采說道,他前面所寫的東西表明,蘇格拉底有時十分令人厭惡,這樣就更需要解釋他為何還對蘇格拉底如此着迷。在3–7節中,尼采對蘇格拉底完全持敵對的態度,但我們不清楚尼采是不是真的這麼討厭蘇格拉底。毫無疑問,在某種程度上,是的。在這幾節中滿是尼采對蘇格拉底的冷嘲熱諷,但不能因此就說他否定了蘇格拉

底。他對蘇格拉底的美化抵消了那些醜化的評論，他把蘇格拉底看作是這樣一個人，儘管受到錯誤思想的引導，但卻是心懷善意，態度認真。他想通過理性來控制危險的狄奧尼索斯衝動，以此使時代的疾弊得到糾正。尼采決不會收回他對蘇格拉底的否定性評價。在他看來，蘇格拉底「似乎是一個醫生，也是一個拯救者」，但他不惜任何代價地信奉理性卻是錯誤的和自欺的：「蘇格拉底是一種曲解：全部的道德改進，包括基督教徒，都是一種曲解」。然而尼采說話口氣的改變是明顯的，他在最後部分談到蘇格拉底之死的時候，帶有一種十分憂傷的語氣：

> 這個所有自欺者中間最為精明的人，他自己抓住（只要生命是有活力的，幸福和本能就是不分的）真理了嗎？他最後不是對自己說智慧就是面對死亡的勇氣嗎？……蘇格拉底自己想去死——不是雅典人要他死，是他自己端着那個盛有毒酒的杯子，是他要求雅典人遞給他這個杯子……他輕聲地對自己說：「蘇格拉底不是醫生，只有死亡才是真正的醫生……蘇格拉底自己一直就是一個病人。」[55]

恰恰是因為他感到自己與蘇格拉底如此親近，所以一直到死，尼采都在批判蘇格拉底。

55　同上書，44頁。

第六章
結論

　　每個時代都要為自己重塑蘇格拉底的形象。在我們今天這個後基督教和後唯心主義的時代，蘇格拉底既不被當作是耶穌基督的一個先驅，也不被看作是世界精神發展到更高意識階段的一個代表，那麼蘇格拉底對我們還有意義嗎？答案是要歷史地評價蘇格拉底的重要性。因為正是他開創了系統化的倫理學思想，是他深刻地影響了柏拉圖，是他成為了蘇格拉底文獻的核心人物。毫無疑問，即使對於我們這個世俗化和非意識形態化的時代來說，蘇格拉底的歷史重要性仍然是存在的。作為一個歷史人物和文學人物，蘇格拉底在許多方面都具有典型的意義，他是一個挑戰者，一個鼓動者，一個啟示者。最明顯的例證就是蘇格拉底用自己的哲學思考和系統化的質疑方法，也就是通過蘇格拉底式的對話去挑戰那些傳統的哲學思想。儘管現在對古代經典作品的研究已經失去了它原有的文化優越性，許多人還是會發現蘇格拉底的那些沒有專業術語、生動有趣的對話可以鼓勵學生自己與文本對話，可以作為最好的哲學入門讀物。這對於教師來說

更有實際的作用。他們可以採用一些類似蘇格拉底反詰法的方法刺激學生去審視自己的觀念，根據說理來修正自己的觀念，最後通過對已有知識的批判反思而得出自己的答案。當然，蘇格拉底的反詰法不僅僅是作為教學方法來使用，在現實生活中如同在蘇格拉底的對話中一樣，它也是一種自我批評的方法。蘇格拉底的口號「未經審視的人生沒有價值」[1]，表達了一種在一定程度上是由誠實所構成的人類核心價值觀，這就是一個人樂意重新審視自己的想法，從而放棄自己身上固有的教條主義。走向極端的自我審視也可能會導致一個人的無所作為，但蘇格拉底確實代表了一種生活的典範，不管怎樣，他始終堅持那些經受住了自我批評的理想，所以在某種程度上，他又是一個英雄。只要思想和道德的誠實還是人類的理想，蘇格拉底就會是追求這一理想的最佳典範。

1　見柏拉圖《申辯篇》38a。

參考書目

1. *A History of Greek Philosophy*, *iii* (Cambridge, 1969), 372.
2. See Pl. Gorg. 473e, with commentary by E. R. Dodds, *Plato Gorgias* (Oxford, 1959), 247–8.
3. For details see J. Barnes, 'Editor's Notes', *Phronesis*, 32 (1987), 325–6.
4. For details see P. A. Vander Waerdt, 'Socratic Justice and Self-Sufficiency: The Story of the Delphic Oracle in Xenophon's Apology of Socrates', *Oxford Studies in Ancient Philosophy*, 11 (1993), 1–48.
5. For a useful summary of the evidence see C. H. Kahn, *Plato and the Socratic Dialogue* (Cambridge, 1996), ch. 2.
6. I argue briefly for this general claim in *Plato*, Protagoras (2nd edn.; Oxford, 1991), pp. xiv–xvi, and more fully for specific instances of it in ch. 4 of this volume.
7. The objection is urged by G. Vlastos in 'Socrates on "The Parts of Virtue"', in his *Platonic Studies* (2nd edn.; Princeton, NJ, 1981).
8. The example is borrowed from T. C. Brickhouse and N. D. Smith, *Plato's Socrates* (New York and Oxford, 1994), 69–71.
9. For further information see I. Alon, *Socrates in Mediaeval Arabic Literature* (Leiden and Jerusalem, 1991).
10. *Lectures on the History of Philosophy*, tr. E. S. Haldane (London, 1982).
11. *The Concept of Irony, with Continual Reference to Socrates*, tr. H. V. Hong and E. H. Hong (Princeton, NJ, 1989).
12. *Concluding Unscientific Postscript*, tr. D. F. Swenson and W. Lowrie (Princeton, NJ, 1941).
13. *The Birth of Tragedy*, tr. W. Kaufmann (New York, 1967).
14. *Ecce Homo*, tr. R. J. Hollingdale (Harmondsworth, 1992).
15. *The Twilight of the Idols*, tr. R. J. Hollingdale (Harmondsworth, 1990).

推薦閱讀書目

Ancient Sources

All the dialogues of Plato cited in this book are available in numerous English translations. The most accessible translation of the Socratic writings of Xenophon is that by H. Tredennick and R. Waterfield, Xenophon, *Conversations of Socrates in Penguin Classics* (Harmondsworth, 1990), which has an excellent introduction and notes. The Socratic works are also available as part of the Loeb Classical Library edition of Xenophon (Greek with facing English translation), *Memorabilia and Oeconomicus* translated by E. C. Marchant (London and New York, 1923), *Symposium and Apology* translated by O. J. Todd (London and Cambridge, Mass., 1961). Diogenes Laertius' *Lives of the Philosophers* is also available in the Loeb edition (2 vols., tr. R. D. Hicks (Cambridge, Mass., 1925)). Aristophanes' *Clouds* is translated by B. B. Rogers (London, 1916 (repr. 1924 as part of the complete Loeb edition of Aristophanes)) and by W. Arrowsmith (Ann Arbor, Mich., 1962). The edition of the play by K. J. Dover (Oxford, 1968, abridged edn., 1970) contains a comprehensive introduction which is very useful even to those who have no Greek.

Most of the fragments of the minor Socratic writers are available in Greek only; the standard edition is that by G. Giannantoni, *Socratis et Socraticorum Reliquiae*, 4 vols. (Naples, 1991). The principal fragments of Aeschines are translated in G. C. Field, *Plato and his Contemporaries* (London, 1930), ch. 11.

J. Ferguson, Socrates, *A Source Book* (London, 1970) contains a comprehensive collection of passages of ancient works (in English translation) referring to Socrates.

Modern Works

The modern literature on Socrates is vast. T. C. Brickhouse and N. D. Smith, *Socrates on Trial* (Oxford, 1989) contains a useful guide to it (pp. 272–316). This note restricts itself to major works in English.

Comprehensive Survey

Guthrie, W. K. C., *A History of Greek Philosophy, iii*, part 2 (Cambridge, 1969). Published separately 1971 under title *Socrates*.

Biography

Taylor, A. E., *Varia Socratica* (Oxford, 1911).

Critical and Analytical Works Concentrating on Plato's Presentation of Socrates

Brickhouse, T. C. and Smith, N. D., *Plato's Socrates* (New York and Oxford, 1994).

Irwin, T., *Plato's Ethics* (New York and Oxford, 1995), chs. 1–9.

Santas, G. X., *Socrates* (London, Boston, and Henley, 1979).

Vlastos, G., *Socrates, Ironist and Moral Philosopher* (Cambridge, 1991).

—— , *Socratic Studies* (ed. M. Burnyeat) (Cambridge, 1994).

Works on Socrates' Trial

Brickhouse, T. C. and Smith, N. D., *Socrates on Trial* (Oxford, 1989). A heavy work of scholarship.

Stone, I. F., *The Trial of Socrates* (London, 1988). A lively presentation, unreliable in places.

Collections of Articles

Benson, H. H. (ed.), *Essays on the Philosophy of Socrates* (New York and Oxford, 1992).

Gower, B. S. and Stokes, M. C. (eds.), *Socratic Questions* (London and New York, 1992).

Prior, W. T. (ed.), *Socrates*, 4 vols. (London and New York, 1996). A comprehensive collection.

Vlastos, G. (ed.), *The Philosophy of Socrates* (Garden City, NY, 1971).

Works on Socratic Literature

Kahn, C. H., *Plato and the Socratic Dialogue* (Cambridge, 1996), chs. 1–4.

Rutherford, R. B., *The Art of Plato* (London, 1995).

Vander Waerdt, P. A., (ed.), *The Socratic Movement* (Ithaca, NY and London, 1994).

Socrates in Later Thought

Montuori, M., *Socrates: Physiology of a Myth* (Amsterdam, 1981).

經典引文出處